아마스 빈, 유럽

amas vin, Eŭropo

폴란드, 독일, 벨기에, 네덜란드, 룩셈부르크

아마스 빈, 유럽 amas vin, Eŭropo
(폴란드, 독일, 벨기에, 네덜란드, 룩셈부르크)
POLAND·GERMANY·BELGIUM·NETHERLANDS·LUXEMBOURG

초판 1쇄 _ 2020년 8월 1일
발행 _ 2020년 8월 5일
지은이 _ 김준석 | 김준우 | 김재희 | 박준호
펴낸이 _ 김명석
마케팅 _ 김미영
디자인 _ 김소율
제작인쇄 _ 정문사
펴낸곳 _ 도서출판 엘티에스 출판부 "사람들"
등록 _ 제2011-78호
주소 _ 서울시 관악구 신림동 103-117번지 5F
전화 _ 02-587-8607
팩스 _ 02-876-8607

* 이 책의 판권은 지은이와 도서출판 엘티에스 출판부 "사람들"에 있습니다.
양측의 서면 동의 없는 무단전재 및 복제를 금합니다.
* 저자와의 협의하에 인지는 생략합니다.

ⓒ 2020
ISBN 979-11-6081-010-3 03810
정가 15,000원

인사말

생각의 근육이
자라나는 여행

지도교사 **김경숙**

아이들과 역사 수업을 하면서 해외답사를 다닌 지가 벌써 20년이 지났습니다. 그동안 수많은 아이들과 학부모님을 만나고 헤어지기를 반복했습니다. 제 주변에 계신 분들은 해외답사를 이젠 그만하고 쉴 때라고 충고하지만, 저는 해외답사가 제 자신을 충전해 주는 역할을 한다는 걸 잘 알고 있어서 앞으로도 행복한 마음으로 아이들과 늘 함께 하고 싶습니다.

코로나 전염병으로 인해 시기적으로 여행이 자유롭지 못하다보니 지난날 여행했던 시간들이 더 보석처럼 느껴지고, 소소한 일상이 가져다주는 소확행이 얼마나 소중했는지 실감 나는 요즘입니다. 그래서 저에게 가장 큰 재산이 무엇이냐고 질문한다면 학생들과 함께 한 여행이라고 대답하고 싶습니다. 단체 생활 속에서 부모님을 떠나 시작된 10여 일 남짓의 여행은 아이들에게는 정신적인 성장과 사회성을 길러줍니다. 누가 뭐라 해도 산 교육인 것입니다.

사람이 살아가면서 편하고 좋은 것만 보고 배울 수는 없을 것입니다.

아마스 빈, 유럽
폴란드, 독일, 벨기에, 네덜란드, 룩셈부르크

야단을 맞았을 때 참는 것도 배워야 하고
지금 당장 배가 고프다고 하더라도 참았다가 함께 먹어야 하고
갖고 싶고 사고 싶은 물건이 있어도 단체 생활에서 이탈할 수 없다는 사실도 알아야 하고
내가 힘들다고 해서 바로 쉴 수 있는 게 아니라 나보다 더 힘든 사람을 도와주는 법도 배워야 하고
덥고 습한 유적지에 내리지 않고 버스에 머물고 싶지만 그래도 함께 해야 하는 공동체 의식도 배워야 하고
눈 비비고 아침 조식에 나왔지만, 먼저 어른들과 선생님께 예를 갖추는 법부터 배워야 하고
목소리 높여서 말하고 싶지만, 소곤소곤 말할 줄 알아야 하고

이 모든 것들을 지킬 수 있는 아이들만이
남들 웃을 때 웃고
남들 먹을 때 먹고
남들 기뻐할 때 함께 웃으면서 소통할 수 있는 아이가 된다고 생각합니다.

흔한 말들이지만 무엇이 지켜지지 않는 아이들이 요즘 많이 있다고 생각합니다.
올해 6월 어느 날에 있었던 일입니다.
서로 다른 팀이 교실에서 수업을 하고 있는 중이었습니다.

수업 중에 한 팀 아이들이 시끄럽게 대화하는 소리를 듣더니 저와 함께 여행을 다녀온 아이들 팀 중 한 명이
"저 아이들 선생님하고 여행을 갔다 온 아이들이 아니죠?"
"응. 그런데 왜?"
"말하는 거나 선생님을 대하는 태도가 아닌 거 같아요."
사실 좀 놀랐습니다. 제가 느끼는 것들을 여행팀 아이들도 같이 느끼고 있었던 것이지요.

여행을 하면서 아침이 되면 기계적으로 조식을 먹고 시간을 맞춰 차에 타고 유적지를 답사하고, 아주 단순한 일상인 것 같지만 그 안에서 배우는 것들은 비용을 지불하고 다니는 학원에서도 배울 수 없는 것들입니다.
학원 수업을 빼먹고 다니는 휴가 같은 여행이라고 생각할 수도 있습니다. 그러나 그 속에서 제대로 된 참교육이 있습니다. 공부는 12년을 결정하지만, 여행은 그 아이의 평생을 결정해 주는 생각의 근육이 자라나는 과정입니다. 어떤 생각을 갖고 있느냐에 따라서 12년 동안 노력한 결과는 서로 다르게 나타납니다.

우리 여행팀 아이들은 이런 아이들입니다.
배려하는 아이들
예절을 지킬 줄 아는 아이들
힘들어도 포기하지 않는 아이들

> 아마스 빈. 유럽
> 폴란드. 독일. 벨기에. 네덜란드. 룩셈부르크

대화가 통하는 아이들
도전을 두려워하지 않는 아이들입니다.

변해가는 사회 속에서 우리들의 사고도 변해가고 있습니다. 다른 사람보다 나를 우선 생각하고, 힘든 것보다는 쉽고 편한 것만 쫓아 생활하다 보니 내가 뭘 잘못했는지도 모르는 사회가 돼 버렸습니다.
세상이 바뀌고 있다고 하지만 우리는 변하지 말고
소통하는 사람으로 성장해서 이 사회에 기본을 지킬 수 있는 사람이 되었으면 합니다.

어느 가수의 노래 제목처럼
고맙소 고맙소~ 늘 사랑하오

CONTENTS

김준석 · 10

여행이 가져다준
사고의 확장

박준호 · 72

유럽 도시의 매력에
풍덩 빠지다

아마스 빈, 유럽 amas vin, Eŭropo
폴란드 / 독일 / 벨기에 / 네덜란드 / 룩셈부르크

김재희 · 138

김준우 · 204

성장의 전환점이 된
유럽여행

일상에 지친 나에게
쉼표를 선물해 준 여행

아 마 스   빈, 유 럽

여행이 가져다준
사고의 확장

김준석

폴란드, 독일, 벨기에, 네덜란드, 룩셈부르크

여행이 가져다준
사고의 확장

김준석

여름방학이 되면 동생들이랑 유럽여행을 가기로 계획했다. 여행 루트를 짜고 여권도 재발급 받고, 옷이랑 간식까지 준비물을 일사천리로 진행했다. 하루하루 여행의 설렘은 내 가슴을 뛰게 한다. 여행은 문화의 다름을 인정하고, 이해해가는 과정에 그 묘미가 더욱 빛을 발한다. 나도 이번 여행에선 특히 독일 문화를 이해하고, 경험해보고자 버킷 리스트까지 작성했다.

첫째, 독일에서 합법적으로 독일 맥주 마셔보기(만 16세부터 맥주와 와인 허용) 둘째, 독일 소시지 맛보기(특히 카레 소시지) 셋째, 독일의 교육 문화를 알아보기 넷째, 독일 역사 알아보고 일본과 비교해보기 그리고 끝으로 독일에 한정된 것이 아닌 여행 내내 버킷 리스트로 「데일 카네기 인간관계론」 적용시켜보기다. 사실 고등학교 올라오면서 내 인간관계도 더욱 확장됨을 느꼈다. 그래서 나에 대해, 타인에 대해 또한 나와 타인과의 관계에 대해 관심이 갔다. 그러던 중 읽은 책이 「데일 카네기 인간관계론」이다. 책에서는 인간관계의 명쾌한 해답을 제시했다. 과연, 실생활에서도 맞을지 늘 궁금했다. 이번 여행을 통해 책에서 제시한 것처럼 실제 인간관계도 적용해 보고자 한다.

이처럼 이번 여행에 거는 기대는 어마어마하다. 게다가 누나처럼 여행기까지 펴낼 작정이라 설렘이 더하다. 한편으로는 이 설렘을 나만 가질 수 있어 가족들에겐 미안하다.

처음으로 간 인천공항 제2터미널에서 오랜만에 귀여운 동생 준우를 만났다. 이어 재희, 준호도 만났다. 이번 여행에는 내가 제일 형이다. 전에 형들처럼 잘 이끌 수 있을까? 하는 걱정이 앞선다. 긍정적인 나는 이내 '최고는 못될지언정 최선의 형이 되자!'고 마음먹었다. 그런데 그 다짐이 무색하게 실수로 바디로션 한 통을 가방에 넣었다가 출국심사 때 제지당했다. 쥐구멍이라도 있음 들어가고 싶다.

세계 최초의 항공사 KLM 네덜란드항공을 탔다. 당연히 TV는 한국어 서비스가 안 될 거라 예상했는데 그게 아니었다. 이게 한국의 위상인가? ㅋㅋㅋㅋ 하여튼 즐겁게 영화도 보고 맛난 기내식도 먹었다. 기내에서도 난 평소처럼 8시간의 숙면을 취했다. 비행기 체질인가? ㅎㅎ 암스테르담 국제공항을 경유하고 드디어 우리의 목적지 폴란드 크라쿠프 국제공항에 무사히 도착했다.

비엘리치카 소금광산 [Wieliczka Salt Mines]

공항에서 버스로 비엘리치카로 향했다. 우리와는 또 다른 색채를 자아내는 유럽 풍경에 창밖으로 시선이 쏠렸다. 그 풍경 속에 당당하게 달리는 기아차를 봤다. 외국에서 보는 국산 자동차는 반가웠다. 비엘리치카에 도착한 우리는 민생 문제부터 해결하기로 했다. 버섯 수프와 폴란드 전통 감자전 '플라츠키'였다. 이질감 없는 맛이다.

비엘리치카에는 선사시대부터 소금 채굴을 시작한 '소금광산'이 있다. 소금광산? 소금은 서해안 염전에서 햇빛에 증발시켜 얻는 천일염만 아는 나로선 의아했다. 알고 보니 소금은 현재 바다뿐만 아니라 과거에 바다였던 곳에서도 난다고 한다. 그러니 비엘리치카 소금광산은 과거 바다였던 곳이라 서해안처럼 건조가 아니라, 석탄처럼 채굴의 방법으로 얻어진다. 결국 서해안은 천일염, 소금광산은 암염인 것이다. 현재는 암염에서 얻는 소금이 70%를 차지하고 있다고 한다. 요즈음 인기를 끌고 있는 히말라야 핑크 소금도 수억 년 전 산맥이 융기하면서 만들어진 암염이다.

비엘리치카 갱도 규모는 어마어마하다. 갱도 연장 길이가 300km로, 서울에서 대구까지 거리다. 광부처럼 땅속으로 내려가고 또 내려갔다. 운동을 게을리한 표가 났다. 헉헉 숨이 찼다. 그런데 내려가는 계단에서 선명하게 새겨진 '대한민국 만세', 'korea'가 보였다. 같은 한국인인 내가 미안하고 부끄럽다. 경복궁에 이런 낙서가 있으면 어떻겠는가? OECD(

경제협력개발기구) 회원국 국민이지 않은가? 외국에서는 내가 나라를 대표한다고 생각하고 좀 더 성숙된 모습을 보여야 할 것 같다. 소금광산은 갈림길도 여러 개 있어 잘못하면 미아가 될 수 있을 듯하다.

우리는 지하 64m에서 멈춰 갱도 안을 탐방했다. 동굴은 고작 DMZ 땅굴 정도 탐방한 나로서는 땅속 거대 도시 규모의 소금광산에 눈이 휘둥그레! 수백 년간 소금을 채취하던 그곳엔 일하는 곳, 쉬는 곳, 식사하는 곳, 기도하는 곳, 마구간까지 잘 갖춰져 있다. 우리는 더 깊숙이 내려갔다. 점점 내려갈수록 왠지 조금씩 익숙함이 느껴진다. 내 기억의 조각들에서 예전에 가족들과 함께 왔다는 걸 찾아냈다. 그땐 내가 정말 꼬맹이었는데 지금은 청년으로 자라 다시 여길 온 것이다. 내 스스로도 나의 성장에 대견하다. 좀 더 내려가니 신기하게도 물레방아가 있었다. 지하에서 물을 끌어올려 증발시켜 소금을 만드는 용도로 쓰이는 것이란다. 100m쯤 내려가니 킹가 예배당이 있다. 길이 54m, 폭 18m나 된다. 여느 예배당과 같이 제단, 촛대, 성인들의 조각상까지 있다. 천장에 달린 소금 샹들리에에 감탄연발이다. 1493년 코페르니쿠스의 방문

을 기념해서 만든 '코페르니쿠스 방'도 볼만하다.

여기가 정말로 소금광산이 맞나, 하는 의문이 든다. 나는 반드시 확인이 필요했다. 혹여 누가 볼세라 얼른 벽에다 살짝 내 혀를 가져다 댔다. 으악! 짜다. 순도 99%의 크리스탈 소금이다. 내 의문점을 풀고 나는 가벼운 마음으로 소금광산을 빠져나왔다.

아우슈비츠-비르케나우 강제 수용소
[Auschwitz-Birkenau Concentration Camp]

갑자기 활동을 많이 한 탓으로 무리가 갔는지 새벽 3시에 잠에서 깼다. 다리에 알이 배어 근육이 심하게 당겼다. 단단히 뭉쳐 주물러도 소용이 없다. 옆에서 천사처럼 자는 준호가 깰까 봐 비명조차도 지르지 못했다. 언젠가 아버지가 하신 말씀이 떠올랐다. "다리에 알이 배면 다리를 최대한 쭉 펴고 있으면 나아진다." 나는 서서 다리를 쭉 폈다. 정말 서서히 좋아졌다. 다시 꿈까지 꾸면서 잤다. 어느 순간 누군가 나를 보는듯한 싸한 느낌에 눈을 떴다. 준호가 나를 노려보고 있는 게 아닌가. 깜짝 놀랐다. 준호는 일찍 자더니 완벽히 시차 적응이 된 모양이다. 난 조금은 무거운 몸을 일으켜 하루를 시작했다.

크라쿠프에서 1시간을 달려 오시비엥침에 도착했다. 그곳은 독일어로는 아우슈비츠라는 곳이다. 반유대주의·백색인종지상주의·국가주의·제국주의 등을 기초로 한 독일의 파시즘 정당 히틀러의 나치는 1933~1945년 정권을 장악하고 제2차 세계대전을 일으킨다. 이곳 아우슈비츠에 강제수용소를 지어 저항하는 정치인, 지식인, 예술인, 유대인, 아이들까지 강제 수용했다. 특히 유대인이 대다수를 차지했고, 유대인은 나치에게 인종 학살을 당했다.

우리는 현재 박물관으로 사용되고 있는 제1수용소와 3km 떨어진 제2수용소인 비르케나우 수용소를 방문했다. 이미 초등학교 2학년 때 방문했던 곳이다. 철없고 멋모르던 시절이 아닌 전쟁의 참혹함을 알고 난 지금 다시 여기에 서니 저절로 옷깃을 여미게 된다. 건물을 에워싸고 있는 고압전류의 이중 철조망은 공포스럽기까지 하다.

입구의 'ARBEIT MACHT FREI'(일하면 자유로워질 수 있다)의 문구는 더욱 가슴을 아프게 한다. 일부 학자들은 'AR-BEIT' 단어의 B자의 위와 아래가 바뀌어 있는 것은 나치에 대한 최소한의 저항의 표시라고 주장한다. 나는 참으로 답답하게 느껴진다. 왜? 좀 더 적극적으로 저항하지 않았는지. 특히 유대인들은 110만 명이 희생을 당했는데 관리하는 나치는 불과 1,000명 정도라고 하는데 말이다. 영화 〈인생은 아름다워〉(La vita e bella, 1997년)를 보면서도 같은 의문점을 가졌다. 수용소의 참혹한 현실에서 아들을 지키기 위한 아빠의 처절함엔 눈물이 나왔지만 말이다. 그 안타까움은 내부 전시관에서 더욱 커졌다. 인간이기를 포기한 나치의 만행을 그대로 보여주고 있다. 인체실험실, 가스실, 소각장, 교수대. 안타까움을 넘어 화가 난다.

36만 명이나 수용된 비르케나우 수용소에서는 아우슈비츠 수용소에 비해 훨씬 참담했다고 한다. 다닥다닥 붙은 좁은 곳에서 수많은 사람들이 담요 한 장씩으로 생활했다. 죽음의 문, 22동의 목조 건물, 45동의 벽돌 건물이 황량한 들판에 남겨져 있다.

'역사를 잊은 민족은 역사를 되풀이 당한다.'라는 아우슈비츠 수용소에서 본 문구가 계속 떠오른다. "역사를 잊은 민족에게 미래는 없다" 신채호 선생의 말씀도, 서대문 형무소도 이어 떠오른다. 자신들의 잘못을 인정하고 끊임없이 용서를 구하는 독일과 진정한 사과 한 마디 하지 않는 일본이 비교된다. 일본은 하루빨리 과오를 인정할 수 있는 용기를 가지길 바란다. 그리고 나도 아픈 역사에 더욱 관심을 가지고 공부하고 절대 잊지 말아야지. 하는 결심을 해본다.

체크포인트 찰리[Checkpoint Charlie]
카이저 빌헬름 기념교회[Kaiser Wilhelm Gedachtniskirche]

오늘은 다리도 아프지 않아 푹~~잤다. 눈을 떠니 준호가 오늘도 나를 빤히 쳐다보고 있다. 준호는 일찍 일어나 나를 보는 것이 취미인가? 하는 생각까지 든다. 내일은 한 번 물어봐야겠다 ㅎㅎ. 폴란드를 떠나 독일로 간다. 4시간의 이동 시간에 대비해 맛난 아침으로 배를 든든히 채웠다.

독일로 가는 동안 중간중간 휴게소에 들렀다. 우리를 배려하는 것이 아니라 운전자를 위한 휴식시간이다. 유럽에서는 과로운전을 사전에 차단하기 위해 법으로 운전자의 휴식시간을 정해놓았다. 정상 운행은 9시간, 운전시간이 2시간 30분이 넘으면 15분을, 3시간이면 최소 30분을 쉬어야 한다. 그리고 다음 운전까지 최소 11시간의 휴식시간을 보장해야 한다. 이런 일련의 시스템은 차량에 부착된 디지털 운행기록계(DTG)를 통해 기록되며, 관리되고 있다. 내가 생각해도 너무나 좋은 법인 것 같다. 우리도 빨리 도입하면 좋겠다. 조금 답답함도 있겠지만, 생명보다 중요한 게 뭐가 있을까?

깜빡 졸았더니 국경을 넘어 벌써 독일에 도착했다. 국경 넘는 걸 보지 못해 아쉽지만, 유로화를 마음대로 쓸 수 있어 좋았다. 준우, 준호, 재희랑 넷이서 스프라이트에 독일 소시지를 곁들여 건배까지 하며 자축했다.

제일 먼저, DMZ 근처 검문소와 같은 베를린 '체크포인트 찰리'에 갔다. 이곳은 동독과 서독으로 나눠져 베를린 장벽이 있던 분단시대 미군 관할 검문소다. 1989년 11월 9일 베를린 장벽이 무너지자, 1990년 6월 22일 이 검문소도 철거되

었다. 지금은 검문소를 재현해 놓았다. 코스프레한 미군과 3유로에 군모까지 쓰고 사진 한 컷! 앞엔 독일 분단과 통일에 관한 자료들이 전시되어 있는 벽 박물관(Haus am Checkpoint Charlie)이 있다. 주변엔 기념품점도 늘어서 있다. 베를린 장벽 조각이 붙어 있는 기념품들이 많다. 장벽이 무너

지는 순간 파편을 팔기 위해 주워 담았다니 대단하다. 나도 동생 선물로 작은 파편 2개를 샀다.

독일 최대의 번화가 쿠담 거리랑 어울리지 않게 부서지고 시커먼 건물이 보인다. 제2차 세계대전의 참혹함을 기억하고자 폭격의 상처 그대로 서있는 카이저 빌헬름 기념교회다. 옆엔 파괴된 구교회와 달리 '자유와 평화'를 상징하는 파란색을 띤 육각형 신교회가 있다. 독일은 자신들의 과오에 대해 늘 반성과 책임을 지려한다. 일본도 이런 독일을 본받으면 좋으련만……

근처 쇼핑센터에 들러 독일산 잉크가 좋다길래 두고두고 쓸 겸, 친구에게도 줄 겸 볼펜 5자루를 샀다. 불면증이 있는 엄마를 위해서는 소리가 예쁜 오르골도 샀다.

프리드리히 대왕[Friedrich II]
포츠담선언[Potsdam Declaration]

어제 우리 숙소 화장실이 불량이었다. 독일어 잘하는 예쁜 한국인 누나의 힘을 빌려 컴플레인을 했다. 그 결과 우린 뜻밖에 스위트룸에서 자게 됐다. 로또 맞은 기분이었다. 우주가 나를 중심으로 돌아가는 기분이다. 우연 같은 운명이 나를 오랜만에 행복하게 한다. 행복감을 쉽게 잠재울 수 없어 모두 모여 야식을 먹고 늦게 잤다. 그래도 넓고 쾌적한 스위트룸은 내 몸속의 피로와 긴장을 싹~ 풀어줬다. 널찍한 침대에 누워 이 행복감이 혹여 금방 사라질까 봐 걱정했다. 이내 내 정신적 지주 '데일 카네기'님의 글들을 떠올리며 침대를 박차고 일어났다.

베를린 이웃 도시 포츠담으로 향했다. 독일인에겐 '프리드리히 대왕'으로, 한국인에겐 '포츠담 선언'으로 제일 먼저 떠오르는 곳이다. 프리드리히 대왕은 1740년부터 1786년까지 재위한 프로이센의 국왕 프리드리히 2세다. 그는 전형적 계몽 전제 군주였다. 탁월한 능력으로 큰 업적을 남기기도 했다. 전쟁에서는 모두 승리로 이끌었다. 현재 독일 대표 음식 감자를 보급한 장본인이기도 하다. 당시 유럽인들은 감자 먹기를 꺼려 했다. 그들은 감자의 흉한 모습에 독이 있다는 미신을 믿고 있었다. 프리드리히 대왕은 몸소 감자 시식회를 열어 백성들의 무지를 깨우치려 했다. 그 결과 전쟁으로 피폐해진 독일의 흉년 위기도 잘 넘겼다고 한다.

인생 후반에는 이곳 포츠담에 불어로 '근심 없다'는 의미인 상수시(Sans Souci) 궁전을 지었다. 프로이센 왕국 호엔촐레른가의 여름 궁전이다. 상수시 궁전에서 볼테르와 철학 담

론도 펼치고 자작곡으로 플루트 연주까지 그리고 문학과 예술, 철학에도 몰두했다. 그는 74세 때 포츠담 시가 내려다보이는 상수시 궁전 거실 의자에서 숨을 거뒀다. 상수시 궁전은 베르사유 궁전을 모방해 분위기가 비슷하다. 그러나 언덕에 지어진 포도나무 테라스는 상수시 궁전만의 특색미를 뽐낸다. 로코코 양식의 화려함이 가득하다. 반면 프리드리히 대왕의 무덤은 다소 소박하다. "나는 철학자로서 인생을 살았으니 조촐히 상수시 궁 테라스 옆에 잠들고 싶다. 내 사랑하는 11마리 그레이하운드(Greyhound)가 죽거든 내 옆에 묻어 달라!"라는 유언에 따른 것이다. 감자가 올려진 무덤 옆엔 11개의 돌덩어리 반려견 무덤이 있다. 그 무덤을 물끄러미 바라보면서 문득 이런 생각이 든다. 나도 나중에 세상을 이끄는 리더가 될 수 있을까?

독일 리더십의 대명사와의 조우를 뒤로하고 체칠리엔호프 궁전으로 갔다. 지금은 호텔로 사용 중이며 그리 화려하지도 커지도 않다. 그래도 우리에겐 큰 의미가 부여되는 장소다. 당시 포츠담회담 협상 테이블이 그대로 보존되고 있다. 우린 그곳에서 오디오로 설명을 들으며 그 당시를 생생하게

들춰봤다. 미국의 트루먼 대통령, 영국의 처칠 수상, 소련의 스탈린 서기장은 일본에게 무조건 항복을 권유하기로 했다. 그리고 일본의 식민지는 모두 해방되어야 하고, 특히 "한국은 적절한 절차를 거쳐 자유와 독립을 준다."라는 카이로 선언에 따른다고 합의했다. 결국 포츠담 회담과 선언은 우리의 독립을 재확인시켜줬다. 이런 순간이 없었다면…… 생각하니 끔찍하다. 하여간 그래도 일본은 항복하지 않고, 원자 폭탄이 투하된 후에야 이를 받아들였다. 일본의 야욕과 무모함이 동시에 느껴진다.

이스트 사이드 갤러리[East Side Gallery]

포츠담에서 다시 베를린으로 돌아오는 길에 점심을 먹었다. 스테이크와 밥이 나왔다. 밥은 베트남 쌀인 듯하고 고기는 좀 질긴 감이 있었다. 오히려 뜯고 씹는 식감을 선호하는 나는 좋았다. 맛나게 먹은 후 직원에게 "Gut gegessen."(잘 먹었어요) 라고 하니 'Thank you.'가 한국어로는 뭐냐고 물었다. "감사합니다."라고 답해주니 한국 손님들에게 "감사합니다."라고 시전하고 다닌다. ㅋㅋㅋㅋ 장사 좀 할 줄 아는 형인가? 싶었다.

세계에서 가장 길고 오래된 야외 공개 갤러리 '이스트 사이드 갤러리'로 갔다. 슈프레강 북쪽을 따라 1,316m에 걸쳐 길게 이어져 있다. 1990년 베를린 장벽의 동쪽에 자유의 가치를 기리자는 의미로 28개국 115명의 작가들이 작품 105개를 남겼다. 그중 소련 서기장 브레즈네프와 동독 서기장 호네커가 공산주의 형제애를 표하는 키스 장면을 그린 〈형제의 키스〉가 유명하다. 러시아 작가 드미트리 브루벨(Dmitry Vrubel)의 작품이다.

그 외 작품들도 개성과 수준 높은 작품들로 가득하다. 그런데 길을 막고 야바위꾼들이 군데군데 있어 눈살을 찌푸리게 한다. 합리적이고 논리적인 것을 선호하는 나로선 이해가 안 간다. 평생 갈고닦은 실력의 소유자 야바위꾼을 이길 수 있다는 생각을 하다니. 여행객들의 어리숙함일까? 그냥 분위기에 휩싸여서 한 번? 어쨌든 내 눈엔 돈 낭비로 보인다. 하여튼 이스트 사이드 갤러리에서 눈 호강을 했는데 그만 야바위꾼 때문에 눈만 버렸다.

하노버 에기디엔교회[Aegidienkirche]
헤렌하우젠 정원[Herrenhauser Garten]

오늘도 '베를린 홀리데이 호텔 09호 스위트룸'에서 눈을 떴다. 아쉽게도 이제부터는 스위트룸과는 이별이다. 하노버로 간다. 그만 늦잠을 자서 준호를 깨우고 헐레벌떡 버스에 올랐다.

뱃속에서 공허한 꼬르륵 소리가 난다. 준호의 비상식량 빵과 육포로 허기를 달랬다. 휴게소 화장실 티켓 판매기에서 10센트가 부족하여 5센트 2개를 넣으니 내뱉는다. 옆 유럽 아줌

마가 "NO"를 외치고 뭐라 뭐라 한다. 난 눈치껏 준우에게서 10센트 빌려 넣었다. 그제야 티켓이 나온다. 이 티켓은 50센트 바우처 쿠폰이 포함돼 있다. 그래서 바우처 쿠폰을 사용해서 유명한 '독일 카레 소시지'를 사 먹었다. 8.99유로는 우리 돈 11,870원이다. 비싼 가격에 놀랐지만, 유명해서 맛으로 보답할 거라 믿고 기다렸다. 주문 후 음식이 나오고 계산을 했다. 우리와 다른 방식이라 조금 어리둥절! 명물 카레 소시지를 한 입 베어 먹는 순간 실망감이 밀려온다. 돈이 아깝고 곁들여 나온 감자가 훨씬 맛있다. ㅠㅠ.

점심으로 칠면조 고기가 나왔다. 닭 종류는 못 먹는 나는 그저 바라보기만 했다. 오늘은 음식과의 궁합이 너무나 안 맞는 날인가 보다. 1943년 연합군의 폭격 세례를 맞은 그대로의 모습을 간직한 '하노버 에기디엔 교회'로 갔다. 뚫린 천장, 가운데 있는 십자가, 사방의 벽, 종 몇 개만이 보존되어 있다. 나무 덩굴이 주렁주렁 내려와 세월의 흔적을 고스란히 간직하고 있다. 난 좀 엉뚱하게 전쟁의 참혹함보단 영화의 한 장면처럼 멋있게 보였다. 교회 안 입구 옆엔 히로시마에서 기증한 '평화의 종'이 있다. 히로시마에 원자폭탄이 떨어졌던 8

월 6일 한 번씩 울린다고 한다. 한 편에는 무릎 꿇은 동상이 있다. 나도 같은 포즈로 사진을 찍었다. 바닥이 굉장히 뜨거웠으나 좋은 사진 남길 욕심으로 꾹~~ 참았다.

에기디엔 교회에서 조금 더 걸으니 멀리 '하노버 신 시청사'가 보인다. 마치 성처럼 보인다. 100m에 달하는 파란 돔이 돋보인다. 신 시청사를 배경으로 그림 같은 프로필 사진을 찍었다.

　버스로 달려 내가 본 정원 중 최고인 헤렌하우젠 정원으로 갔다. 신들의 동상들이 있고 폭포, 분수, 미로 정원, 소 정원들, 직각으로 깎은 나무, 잔디밭까지 없는 게 없다. 마치 신이 만든 정원 같다. 독일 최초로 프랑스식 정원을 시도한 것으로 4개의 정원을 볼 수 있다. 그로센 가르텐(Groβer Garten), 베르크 가르텐(Berg Garten), 게오르겐 가르텐(Georgen Garten), 벨펜 가르텐(Welfen Garten)이다. 영국 왕 조지 1세의 생모인 왕비 소피아(Electress Sophie)가 정원 조성에 정열을 쏟았다고 한다. 나는 예쁜 분수들이 있는 그로센 가르텐이 가장 멋졌다.

쾰른으로 이동해서 우린 독일에 오면 꼭 맛봐야 하는 '슈바인

스학세(Schweins Haxe)'를 먹었다. 비주얼부터 대박! 씹고 뜯고 맛보고 즐기려 했으나 너무 비주얼이 떨어질까 봐 가로로 힘들게 썰어 먹었다. 옆에 외국인은 세워서 쉽게 썰어 먹는다. 난 그제야 아차! 했다. 그리고 비계는 나쁘다고 안 먹었다. 슈바인스학세는 살코기와 비계의 황금비율의 맛이 일품이란다. 난 알맹이를 빼고 먹었다. ㅠㅠ. 실리를 추구하는 독일인들의 조금은 투박하지만 영양이 가득한 음식인 것 같다. 나에게 조금 짜고 느끼했지만 맛났다. 그래도 족발처럼 야식으로 먹긴 그리 당기지 않을 것 같다.

쾰른 대성당[Cologne Cathedral] 동방박사 성유물함

어제는 호텔 헬스장에서 운동하고 사우나로 피로를 싹 씻어 냈다. 상쾌함과 만족감은 컸다. 준우랑 오늘도 한 번 더 하자 라는 결의를 다졌다. 결의는 결의일 뿐 우리의 몸은 따라주 지 않았다. 눈을 떠니 채비하고 떠날 시간도 촉박하다. 아쉬 운 발걸음으로 아침을 먹으러 갔다. 여행 온 후 샐러드엔 손 을 대지 않아 소화기관에 문제가 생길 것 같다. 오늘은 예방 책으로 요플레 위주로 식사를 했다.

어제 멀리서 본 모습으로도 역대급으로 멋졌던 '쾰른 대성당' 으로 향했다. 세계 최대 3대 고딕양식 교회 중 스페인 세비 야 대성당과 이탈리아 밀라노 대성당을 이미 본 나는 마지막 쾰른 대성당을 영접하기 전 두근두근!!! 드디어 쾰른 대성당 과 첫 대면이다. '독일 여행은 쾰른 대성당을 보기 위해 오는 구나.'라는 생각이 든다. 과연 중세 고딕 성당의 백미로 꼽 힐 만하다. 하늘에 조금이라도 가깝고자 하는 마음일까? 닿 고자 하는 마음일까? 하늘을 향해 치솟은 두 개의 첨탑에 입 만 벌리고 와~~하는 감탄사만 연신 내뱉는다. 탑 높이는 무

려 157m이고 성당 면적도 7,000㎡에 달한다고 한다. 처음엔 밀라노에서 가져온 동방박사의 유골함을 보관하기 위해 짓기 시작했다. 기간은 장장 6세기 동안이다. 하지만 1942년 영국 폭격기 1,000여 대가 쾰른 상공을 덮쳤다. 그나마 천만다행으로 영국군은 700년 역사의 쾰른 대성당은 건드리지 않았다. 하지만 그때 그을음은 지금까지도 성당 전체를 색칠하고 있다.

독일에서 유학 중인 착하고 예쁜 민영 누나를 1년 만에 만났다. 누나랑 쾰른 대성당이랑 기념 컷 한 장을 남겼다. 속삭이는 작은 소리를 따라 우리는 안으로 들어갔다. 작은 소리는 점점 커졌다. 예배 보는 소리다. 멀찌감치 황금색 함이 보인다. 직감으로 '동방박사 성유물함'임을 알아차렸다. 폭격이 있을 때 성직자들이 진귀한 유물들을 지하에 매장하거나 모래로 덮었다. 그래서 지금 그대로의 모습을 볼 수 있다고 한다. 서양 최대 규모이자 중세 황금 세공의 최고 걸작임을 멀리서도 느껴진다. 예배 중이라 더 들어가지 못했다. 그래도 조금이라도 더 볼 수 있을까? 하고 왼쪽으로 들어갔으나 철문으로 막혀 있다. 목을 한껏 쭉 뻗어 봤다. 사람 동상과 관이 보인다. "민영 누나, 저기 사람 동상이 누워있는데?" "응, 쾰른 대성당에 뼈를 묻은 쾰른 대교구장들이야. 여긴 무려 25개나 있어."라고 친절히 설명해 준다. 옆엔 성모마리아 상도 있고 게로의 십자가도 역시 보인다. 쾰른 대성당 탑 전망대에 오르는 사람도 있다. 우린 그냥 아래에서 기념사진 찍는 걸로 만족했다.

도이체스 에크[Deutsches Eck]
모젤 강변 코헴[Cochem]

오래간만에 만난 민영 누나랑 코블렌츠로 이동하면서 여러 얘기를 나눴다. 독일 얘기가 대부분이었다. 특히 독일에서는 강아지는 1년간은 무조건 어미와 함께 있도록 법으로 정해뒀다고 한다. 그래서 그런지 독일에서 본 20여 마리 개 중 짖는 개를 본 적이 없다. 캬 품격 있네? 이런저런 얘기에 어느새 라인강과 모젤강이 만나는 곳 코블렌츠에 도착했다.

특히 라인강과 모젤강의 합류 지점에 돌출한 매립지는 '도이체스 에크'라 한다. 독일어로 '독일의 모퉁이'라는 뜻이다. 이

탈리아 포지타노(Positano)에 다시 온 듯하다. 분위기가 조금 닮았다. 사실 포지타노가 더 예쁘다. 끝 쪽으로 가니 독일을 통일한 빌헬름 1세가 말을 탄 동상이 있다. 햇빛이 비친 기마상에 눈이 부시다. 마치 율리우스 카이사르처럼 "왔노라, 보았노라, 이겼노라"라고 외치는 듯하다. 반대쪽 모서리에는 독일 연방국 국기들이 펄럭이고 있다. 그리고 맞은편 높은 지대엔 에렌브라이트슈타인(Festung Ehrenbreitstein) 요새가 있다. 내가 보기에도 배산임수의 지형을 갖춘 완벽한 군사요충지다.

이어 '1869'가 적혀 있는 슈니첼(Schnitzel) 집으로 갔다. 골목식당에서 돈스파이크가 조리하고 맛보는 걸 눈으로만 봤던 슈니첼을 이젠 본토에서 먹을 생각을 하니 설렌다. 꽤나 전통 있는 슈니첼 집이다. 하지만 내 입엔 케첩을 찍어 먹는 걸 빼면 돈가스 맛이다. 내 기대치 70%에 그친다. 이젠 굴라시(Goulash)에 대한 기대감만 남았다.

모젤 강변 소박하고 예쁜 도시 코헴으로 갔다. 모젤강과 예쁜 집들의 합작품에 저절로 힐링이 된다. 마을 산꼭대기엔 코헴성이 있다. 좁은 골목길을 따라 올라간다. 올라가는 재

46 | 아마스 빈, 유럽
폴란드, 독일, 벨기에, 네덜란드, 룩셈부르크

미를 모르는 이들을 위한 741 버스도 있다. 특히나 이곳엔 유명한 리슬링 화이트 와인(Riesling) 포도밭이 산비탈에 펼쳐져 있다. 코헴성은 중세 시대의 모습을 간직하고 있다. 정상에서 아래 모젤 강변 마을을 내려다보니 마치 동화 속 마을 같다. 아랫마을은 광장을 중심으로 파스텔 톤 집들이 옹기종기 모여 있다. 특히 철제로 된 라틴어 간판은 독특함을 뽐내고 있다. 우리는 젤라토를 먹으며 여유롭게 동네 한 바퀴를 둘러본다.

룩셈부르크 뉴브리지[New Bridge]

국경을 통과했다는 대사관의 알림이 울린다. 코헴에서 2시간도 채 이동하지 않고 룩셈부르크에 도착했다. 크라잉넛의 〈룩셈부르크〉가 저절로 입가에 맴돈다. "기내에 계신 승객 여러분 안전벨트를 착용하여 주십시오. 이 비행기의 도착 예정지는 룩 룩 룩셈부르크 아 아 아르헨티나 ♪♬♩ 룩 룩 룩셈부르크 아 아 아르헨티나 ♪♬♩"

서울의 4배 정도 크기의 나라이지만, 1인당 GDP(국내총생산)가 세계 1위로 부유한 나라다. 우리는 수도 룩셈부르크를 탐방했다.

도시 한가운데에 깊은 페트루세(Petrusse) 계곡을 사이에 두고 신시가지와 구시가지로 나뉜다. 페트루세 계곡의 아르제트강 위에 아치형 '아돌프 다리(Pont Adolphe)'가 멋지게 놓여있다. 아돌프 다리는 룩셈부르크에서는 뉴브리지(New Bridge)라고도 부른다. 혹여 아돌프라고 해서 '아돌프 히틀러'로 연상할 수 있다. 그러나 히틀러가 아닌 아돌프 대공작이 통치하던 시기인 1889~1903년에 걸쳐 건설된 것에 유래한다. 높이는 46m, 길이는 153m이다. 건설 당시는 세계에서 가장 큰 아치교로 세상의 이목을 끌었다. 울창한 숲 사이로 그려진 아치형 뉴브리지는 예쁨을 뽐내고 있다. 뽐뽐♥ 근처 헌법광장의 중앙에 서 있는 '황금의 여신상'과 성당, 교회들이 그림 같은 풍경에 일조를 하고 있다. 우린 그 풍경 속으로 들어가 다리를 건넌다. 다리 위로는 차들이 달린다. 그 아래 사람과 자전거가 다닐 수 있는 또 다른 통로가 있다. 최근에 만든 것으로 다리를 여유롭게 감상할 수 있다. 아래 계곡과 시가지가 모두 내려다보인다.

브뤼셀 유럽 연합[European Union]본부
오줌싸개 소년[Manneken Pis]동상

우리의 여행도 막바지를 향해 치닫고 있다. 잠자기도 아까운 생각에 새벽 4시 30분이 되어서야 잠이 들었다. 두세 시간 만에 다시 일어났다. 그래도 내 입맛은 살아있어 전투식량도 맛나게 먹을 수 있었다.

룩셈부르크를 떠나 3시간 후에 벨기에 수도 브뤼셀에 도착했다. 서울의 1/6 정도의 면적으로 작은 도시다. 하지만, 유럽 연합 본부(European Union)가 설치되어 있어 '유럽 연합의 수도'이다. 1991년 네덜란드의 마스트리흐트에 유럽 공동체 12개국(벨기에, 덴마크, 독일, 그리스, 스페인, 프랑스, 아일랜드, 룩셈부르크, 이탈리아, 네덜란드, 포르투갈, 영국) 정상들이 모였다. 여기서 마스트리흐트 조약 체결을 합의하고 유럽연합이 출범한다. 현재는 28개국이 가입해 있다. 하지만 영국이 조만간 브렉시트(Brexit)로 유럽연합의 탈퇴를 예고하고 있다. 유로화도 영국, 덴마크, 스웨덴을 제외하고 2002년 1월 1일부터 통용되고 있다.

파란 바탕에 둥글게 원을 이루고 있는 12개의 노란 별이 그려져 있는 유럽연합기가 보인다. 숫자 12는 12개월, 낮과 밤 12시간, 헤라클레스의 12가지 과업을 의미한다. 이는 완전함과 완벽함을 상징한다. 원 모양은 통합과 단결을 뜻한다고 한다. 우리는 유럽연합 본부 근처에서 내려 걸었다. 어느 골목길을 지나니 큰 광장이 펼쳐진다. 걸작 〈노트르담 드 파리〉의 작가 빅토르 위고가 '세계에서 가장 아름다운 광장'이라 칭송한 광장이다. 가로 70m, 세로 110m의 그랑 플라스(Grand-Place)다. 뻥 뚫린 광장이 아니다. 그랑 플라스는

15~17세기 바로크, 고딕 양식의 건축물로 둘러싸여 있다. 시청과 왕의 집, 길드 하우스 등이 있고, 상점을 비롯해 음식점들이 즐비하다. 사방의 멋진 예술작품 건축물에 눈이 휘둥그레진다.

광장 뒤쪽 골목으로 조금 걸어가니 수많은 관광객들이 팔을 치켜들고 사진을 찍고 있다. 바로 오줌싸개 소년(Manneken Pis) 동상이다. 1619년 제롬 듀케뉴아가 만든 60cm의 청동상이다. 생각보단 너무 작아 어리둥절했다. '꼬마 줄리앙'이라 불린다.

'브뤼셀을 약탈한 외적이 불을 지르자 꼬마 줄리앙이 오줌으로 진압했다. 마녀 집 앞에 오줌을 싸 마녀가 너무 화가 나서 소년을 동상으로 만들었다. 14세기에 프라방드 제후의 왕자가 오줌을 누어 적군을 모욕했다.'는 등 이처럼 동상의 유래에는 여러 설이 있다. 그리고 수없이 약탈당하는 수난까지 당했다. 현재 설치되어 있는 동상은 1965년 복제본이라고 한다. 프랑스의 루이 15세가 브뤼셀을 침략했을 때도 동상을 빼앗았다. 나중에 돌려줄 때 옷을 입혀줬고, 그 후부터 4~5일에 한 번씩 옷을 갈아입는다. 한복을 포함 세계 각국의 민

속의상 등 700여 벌이 있다고 한다. 오줌싸개 동상에서 조금 걸어가면 오줌싸개 소녀 동상도 있다고 한다. 1987년 현지 예술가가 만들었지만 소년 동상의 인기를 따르지 못한다. 성평등 차원에서 만들었나? ㅎㅎ

우리도 오줌싸개 소녀 동상은 건너뛰고 갈르리 생 튀베르(Galerie St. Hubert)로 갔다. 그곳엔 벨기에 초콜릿의 향연이 펼쳐지고 있다. 길리안(Guylian), 노이하우스(Neuhaus), 고디바(Godiva), 레오니다스(Leonidas)까지 유명 브랜드의 가게들이 즐비하다. 시식도 눈치 보고할 필요 없을 정도로 넉넉하다. 달콤하고 예쁜 초콜릿에 마음을 뺏겼다. 고디바 등 150유로 어치를 샀다. 브뤼셀에는 초콜릿 말고도

와플, 홍합찜 '믈'(Moule), 벨지안 프라이스(Belgian Fries) 감자튀김, 맥주도 명물이다. 작지만 볼 것도 먹을 것도 즐길 곳도 너무 많은 곳이다. 촉박한 일정이 아쉬울 따름이다.

이준 열사 기념관[Yi Jun Peace Museum], 묘적지

미트볼로 간단히 점심을 먹고 버스를 탔다. 잠에 취해 깨어 보니 네덜란드 헤이그에 도착했다. 대한민국 국민이라면 누구나 떠오를 것이다. '헤이그 밀사 사건'. 1907년 고종은 헤이그에서 개최되는 제2회 만국평화회의에 특사를 파견한다. 강제 체결된 을사조약의 불법성을 폭로하고 주권 회복을 호소하기 위함이었다. 특사 이준, 이상설, 이위종은 초대장을 받았으나 회의장엔 들어가지도 못했다. 나라 잃은 설움과 냉혹한 국제 현실을 여기 와서 깨닫는다. 특히 이준 열사는 암담한 현실에 무너져 헤이그에서 순국한다. 일본의 비협조로 열사의 유해는 한국으로 송환도 안 되고 헤이그의 니우 에이컨다위넌(Nieuw Eykenduynen) 공동묘지에 묻혔다. 1963년에야 유해가 송환돼 수유리에 안장됐다. 지금은 헤이그 묘

적지도 정비해 이준 열사의 뜻을 기리고 있다.

우리는 묘적지는 가지 못하고 '이준 열사 기념관'을 방문했다. 1995년 열사가 순국한 '드용 호텔'에 기념관을 개관했다. 열사의 애국정신과 정의와 평화의 교육장으로 이용되고 있다. 기념관 관장님이 우리를 반갑게 반겨주셨다. 특사들에 대한 상세한 설명도 해주셨다. 이준은 대한제국 1호 검사이고, 이위종은 외교관이었다. 이상설은 조선의 마지막 과거에 급제한 성균관 관장이었다. 100여 년 전 나라를 뺏긴 지식인들의 고민과 참혹함을 알 것만 같다. "NO POWER, NO PEACE 힘이 없으면 평화도 없다."라는 관장님의 마지막 말씀이 귓가에 맴돈다. 박물관 2층엔 네덜란드 외무장관

드 보폴트에 보낸 서한과 제2차 만국평화회의 부의장 일기, 당시 신문기사 등이 전시되어 있다. 살아생전 입으셨던 옷가지, 침대를 보자 가슴이 답답하다. 뭉클한 뭔가가 올라오고 나는 눈을 감고 조용히 묵념을 드렸다. '입으로만이 아닌 몸소 실천한 열사님, 감사합니다. 당신이 그토록 지키고 싶었던 이 나라를 위해 저도 미약하나마 힘을 보태겠습니다.' 라고 감사와 다짐을 했다.

이어서 미니어처 파크 마두로담(Madurodam)에 들렀다. 그곳엔 스히폴 공항, 운하, 헤이그의 비넨호프, 로테르담 항구 등 네덜란드 명물을 한눈에 볼 수 있다. 한국인으로 우리의 국적기가 눈에 먼저 띈다.

풍차마을 잔세스칸스 [Zaanse Schans]

여행의 마지막 날이 밝았다. 우리는 아쉬움에 어젯밤을 한숨도 자지 않고 꼴딱 샜다. 게임도 하고 네덜란드의 랜드마크가 풍차일까? 튤립일까?를 두고 밤샘 논쟁도 벌였다. 나와 준호는 튤립파, 준우와 재희는 풍차파로 의견이 나누어졌다. 하지만 결론나지 않는 논쟁이었다. 오늘 우리가 볼 것은 풍차다. 네덜란드 암스테르담 근처 풍자마을 잔세스칸스

(Zaanse Schans)로 간다.

네덜란드는 국토 상당수가 지대가 낮아 바닷물에 잠긴 나라이다. 어떻게든 땅을 넓혀야만 했다. 바다에 크고 작은 방조제를 세우고 바닷물을 막았다. 그리고 풍차로 물을 퍼내고 흙을 메웠다. 또 홍수를 대비한 운하도 만들었다. 이렇게 해서 네덜란드의 1/3이 바다를 막은 땅이라고 한다. 과거에 땅을 간척하는 원동력이 된 풍차는 거의 기계화되어 사라졌다.

우리가 방문한 잔세스칸스 풍차마을에도 많은 풍차들이 사라지고 네 대만 남아 있다. 17~18세기 지어진 풍차와 목조 건축물은 전형적인 네덜란드 풍경이다. 여기에 마을 곳곳에 운하가 흐르고 그 옆엔 양들이 한가로이 풀을 뜯고 있다. 평화스러움에 마을을 여유롭게 걸어본다. 풍차 날개 4개가 빙빙 도는 웅장미까지 상상초월 멋있다. 떡하니 벌어진 입이 쉬이 다물어지지 않는다. 강가에 늘어선 풍차는 바람의 힘으로 날개의 회전 운동을 한다. 이 회전운동으로 겨자를 빻거나 기름을 짜고 나무를 베었다.

잔세스칸스에는 풍차 말고도 다양한 체험과 볼거리가 있었다. 입구부터 다양한 나막신들이 전시되어 있는 곳으로 들어갔다. 예부터 저지대로 질척거리는 땅이 많아 나막신을 신게 된 모양이다. 목질이 부드럽고, 가공이 쉬운 버드나무나 포플러 나무를 이용했다고 한다. 나막신에 예쁜 그림까지 페인팅 돼 있어 고급스럽다. 나는 사랑하는 가족들에게 의미 있는 선물을 하고 싶어졌다. 심사숙고한 끝에 아버지는 평소 도전과 꿈 얘기를 하시면서 바다에 대한 그리움을 자주 말씀하셨다. 그래서 그런 점을 고려해 돛을 단 배 모양의 나막신을 샀다. 어머니에겐 영원히 시들지 않는 목재 튤립을 샀다. 어디에선가 꼬리꼬리한 고약한 냄새가 코에 감지된다. 냄새를 따라가니 다양한 치즈들이 진열돼 있다. 그곳에서는 전통 방식으로 치즈를 만드는 과정을 설명해 준다. 시식도 가능하다. 한국의 토종음식에 길들여진 내 입맛엔 그닥……
빈손으로 치즈공장을 나왔다. 갑자기 비가 내린다. 순간 나는 좀 엉뚱함이 발동한다. 초등시절, 중학교 시절 때만 해도 비가 오면 신나게 비를 맞으며 즐겼다. 하지만 내 나이 17세! 어느 순간 그런 행동은 하지 않는다. 그렇지만 3년 후 성인이

되면 더 못할 거라는 생각이 퍼뜩 든다. 내 좌우명 '후회 없이 살자'를 핑계 삼아 신나게 비를 맞았다. 박지원의 〈열하일기〉에 나오는 희노애락애오욕(喜怒哀樂愛惡慾) 일곱 가지 감정(칠정七情) 중 락(樂)이 과다 발산됐다. 비 오는 날 개구리처럼 팔짝팔짝 뛰어다녔다. 멋진 풍차를 배경 삼아 연신 사진도 찍으면서 말이다. ㅎㅎ

암스테르담 국립 미술관[Rijksmuseum]

비 오는 잔세스칸스의 운치에 취해 마음껏 즐겼다. 시장기가 돌아 점심을 먹으러 갔다. 내가 즐기지 않는 치킨…… ㅠㅠ. 어쩔 수 없이 사이드 메뉴로 나온 포테이토만 질리도록 먹었다. 잔세스칸스의 비는 나의 아쉬움을 알아차린 하늘의 선물이었나 보다. 여행 마지막 방문지 암스테르담에 도착했다. 하늘은 '비가 언제 왔냐' 하는 표정이다. 암스테르담은 12세기 암스텔강

(Amstel R.) 하구에 둑을 쌓은 도시로 출발했다. 16세기에는 무역항으로 발전했다. 현재는 운하로 둘러싸인 부채꼴 모양의 네덜란드 최대 도시다. 또한 유럽 대륙의 도로·철도·항공로의 중심지로 여러 국적의 사람들이 살고 있다. 다양성의 특색이 돋보이는 도시다.

암스테르담에서는 네덜란드가 낳은 세계적인 화가 '빈센트 반 고흐(Vincent van Gogh)와 렘브란트 반 레인(Rembrandt Harmenszoon van Rijn)을 빼놓을 수는 없다. 이곳에는 암스테르담 국립 미술관, 반 고흐 미술관을 비롯해 40여 개의 박물관과 미술관이 있다고 한다. 여행의 종착점인 암스테르담에서의 시간은 그리 넉넉하지 않았다.

그래서 우리는 방대한 컬렉션을 자랑하는 암스테르담 국립 미술관(Rijksmuseum)으로 향했다. 푸른 잔디가 광활하게 펼쳐진 뮈세윔플레인(Museumplein) 광장엔 많은 인파들이 보인다. 뮈세윔플레인 광장을 중심으로 국립 미술관, 반 고흐 미술관, 시립 미술관, 뱅크시 작품을 볼 수 있는 모코 뮤지엄(Moco Museum)까지 있다. 거대한 미술 밀집 지역이다. 암스테르담 국립 미술관에 도착했다. 'I amsterdam' 글자 조형물과 분수 광장이 먼저 우릴 반긴다. 뒤이어 1885년에 개관한 국립 미술관이 보인다. 건축가 카이페르스(Pierre Cuypers)가 설계한 것으로 네오고딕 양식의 외관이다. 너무나도 멋있다. 미술관 들어가기 전부터 하나의 예술작품을 만난 것 같다.

'레이크스'라는 별칭으로 불리는 국립 미술관은 8,000여 점의 컬렉션을 보유하고 있다. 80개가 넘는 전시실에는 유적, 유물, 예술품이 가득하다. 특히 회화는 12세기부터 19세기까지 작품들을 총망라해놓았다. 그중 17세기 네덜란드파 회화의 수집으로 유명하다. 우리는 고흐, 렘브란트, 페르메이르 등을 만날 기대감이 가득하다. 무엇보다도 사진촬영도 자유로워 편안하게 관람이 가능해서 좋다. 지하 1층 별관에는 아시아 작품들도 있다. 1층은 18세기부터 19세기 작품들이 있다. 묵었던 호텔에 걸려있던 고흐의 작품 원본도 이곳에서 만날 수 있었다. 사진으로 편집해 걸어놓은 것과는 비교가 되지 않는다. 장엄하기까지 해서 빨려 들어갈 것만 같다. 2층에는 17세기 네덜란드 황금기의 작품들을 전시하고 있다. 특히 명예의 전당 전면에는 렘브란트의 〈야경(The Night Watch)〉이 있다. 여지없이 사람들이 모여 있다. 북유럽 미술의 최고 걸작 중 하나단다. 상류층의 호화로운 생활상을 보여주는 가구 미니어처 '인형의 집'도 있다. 정교함에 놀랍다. 그리고 풍경화는 그림에 대한 조예가 낮은 나에게도 큰 감명으로 다가왔다. 최신형의 폰 사진으로 담을 수 없는 감성이 내게 전달된다. 〈진주 귀걸이를 한 소녀(Girl with a Pearl Earring)〉로 유명한 요하네스 페르메이르(Johannes Jan Vermeer)의 또 다른 유명 작품 〈우유 따르는 여인(The Milkmaid)도 있다. 아주 평범한 일상생활의 모습을 상상을 하면서 감상할 줄이야. 이게 바로 예술의 힘! 묘미인가? 간만에 내 예술의 감각들을 깨우는 좋은 관람이었다. 참, 스캔으로 명화를 복원하는 모습도 이채롭고 놀라웠다. 이로써 우리의 여행은 마침표를 찍었다. 암스테르담 공항에서 한국으로 무사히 돌아왔다.

68 | 아마스 빈, 유럽
폴란드, 독일, 벨기에, 네덜란드, 룩셈부르크

여행을 마치며

일주일 남짓 가족들과의 헤어짐에 반가움은 배로 컸다. 내 동생도 나처럼 내가 보고 싶었나 보다. 책상 위에 "형, 기념품 사 왔지?"라는 쪽지가 붙은 초코바 한 봉지가 놓여있다. 귀여운 내 동생! ㅎㅎ.

나의 즐거운 여행을 기원하던 가족들은 안도의 미소로 나를 맞이했다. 나는 보고 듣고 느낀 여행 이야기보따리를 두 시간이나 풀어헤쳤다. 이야기하면 할수록 이번 여행은 만족감이 넘치는 여행인 것 같다. 특히나 내가 가기 전 썼던 '버킷리스트'를 모두 이루어 더욱 의미가 있었다.

독일 맥주가 맛있다고 하는데 내 입맛엔 쓴맛만 느껴졌다. 아직 그 맛을 알기에는 이른가? 그리고 독일 소시지도 그다지 감명을 주는 맛이 아니었다. 중국 만두처럼 우리 한국인의 입맛에 맞게 개량된 우리의 소시지가 훨씬 맛있었다. 처음부터 그렇게 길들여진 탓인지도 모르겠지만 말이다.

나의 정신적 지주 데일 카네기 님의 〈인간관계론〉은 시대와 장소 불문 어디서나 적용할 수 있었다. 정말 실용적인 이론이라는 걸 깨달았다. 그리고 특히 '독일'이 아주 인상적이었다. 독일인들은 "Korea"라고 말하면 갸우뚱하다가 "World Cup!"이라 말하면 바로 "Aha! Korea"라는 반응이 대부분이었다. '2018년 러시아 월드컵' 조별 리그 때 우리랑 맞붙어 예선 탈락의 쓰라린 기억을 갖고 있는 듯했다. 독일은 내가 알고 있던 것보다 더 훌륭하고 위대한 민족인 것 같다. 자신의 잘못을 인정할 수 있는 용기는 더 높이 사고 싶다. 아마 이 점이 통일 독일을 이끄는 원동력이 되지 않았나 싶다. 내가 학생 신분이라 그런지 '독일의 교육제도'도 귀에 솔깃했다. 『경쟁보다 연대를, 정답보다 과정을 중요시한다. 고등학교 과정 때 긴 시간 진로 탐색 후 꼭 갈 사람만 대학 진학을 한다. 90% 이상 합격인 '고등 졸업시험'만 통과하면 대입 자격이 주어진다. 대학 등록금도 없고 오히려 생활비 지원을 해준다.』 등 대충 진로체험 몇 번 하고 대학을 강요하는 우리 교육제도와는 많이 비교가 된다. 우리도 대학을 나오지 않아도 행복한 삶을 추구할 수 있으면 좋겠다.

여행이 가져다준 내 사고의 확장과 깊이에 스스로 뿌듯하다. 새삼 나의 발전에 물심양면 지원을 해주신 부모님에 대한 고

마음도 느껴진다.

부모님 정말 감사합니다.^*^ 사랑합니다. ♥

며칠 동안 그리웠던 엄마표 김치찌개와 삼겹살은 내 여독을 풀어준다. 포만감과 뭔가 큰일을 해냈다는 성취감으로 여유롭게 폰으로 웹툰을 봤다. LTE 강국의 면모가 느껴지는 순간이다. 여행 내내 느린 속도의 답답한 체증이 한순간에 내려간다. 우리나라가 자랑스럽다. 나도 대한민국의 구성원으로서 제 역할을 할 수 있도록 배움을 게을리 하지 않아야겠다는 결심이 선다. ㅎㅎ

참, 김 경숙 선생님의 세심한 지도도 정말 감사합니다.^^*
꾸벅.

아 마 스 　 빈 , 　 유 럽

유럽 도시의 매력에
풍덩 빠지다

박준호

폴란드, 독일, 벨기에, 네덜란드, 룩셈부르크

유럽 도시의 매력에
풍덩 빠지다

박준호

한동안 먹지 못할 것 같아 한국 대표 음식 '비빔밥'으로 든든히 배를 채우고 공항으로 갔다. 2018년 1월 18일 정식 개장한 인천공항 제2여객 터미널은 깨끗하고 쾌적하다. 자연스러운 포즈로 기념사진도 찍고, 배웅 나온 가족들에게 잘 다녀오겠다는 말과 함께 출국장으로 향했다. 비행 탑승까진 1시간 남짓 여유 시간이 있다. 때마침 우리의 간식 배꼽시계가 울려 편의점 탐방에 나섰다. 넓은 터미널은 쉽게 편의점이 눈에 뜨이지 않았다. 4층의 에스컬레이터를 오르락내리락했다. 지도를 보기도 했지만, 쉽게 찾지 못했다. 결국 공항 직원에게 물어서 해결했다. 등잔 밑이 어두웠나 보다. 바로 앞에 두고 찾질 못했다. ㅎㅎ. 아마 여행의 설렘이 이런 실수를 유발했음이 틀림없을 것이다. 여행하기도 전에 이미 진이 빠지는 느낌이다. 발도 아프고 말이다.

유럽에 가면 쌀을 맛볼 수 없다고 생각한 난 김밥으로 허기를 채웠다. 0시 55분 암스테르담으로 향했다. 웃음을 죽이며 코믹 영화 〈극한직업〉도 보고, 귀여운 전략 게임 배틀쉽 〈Battle Sheep〉도 하면서 겨우 버텨 암스테르담에 도착했다. 해가 점점 올라오는 바로 일출의 순간이었다. 빨갛게 물든 하늘을 한껏 가까이서 보니 황홀했다. 우리의 최종 목적지는 네덜란드가 아닌 폴란드였다. 공항에서 2시간을 기다리는 동안 병 모양의 멋진 초콜릿을 샀다. '그냥 먹어버릴까? 아님 장식용으로 보존?' 나의 고민은 여행을 다녀온 지금도 계속되고 있다. 이놈의 선택 장애! ㅋㅋ.

폴란드를 향하는 비행은 잠시의 숙면과 의외로 맛난 샌드위치를 먹고, 여행기 초고를 조금 끄적이다 보니 끝났다.

폴란드 크라쿠프[krakow], 플라즈키[Placki]

드디어 폴란드 크라쿠프 국제공항에 첫 발을 내디뎠다. 공항엔 많은 관광객으로 붐볐다. 독일 최대 강제수용소이자 집단학살 수용소였던 '아우슈비츠 수용소'가 근처에 있어 그런 것 같다.

크라쿠프는 바르샤바로 수도를 옮기기 전 1320년부터 1609년까지 폴란드의 수도였다. 폴란드 제2 도시로 13세기엔 상업·수공업의 중심지로 중부 유럽 중 가장 세력이 큰 도시의 하나였다. 비스와 강(Vistula River)이 흐르는 분지에 있는 항구도시로 좌안은 구시가지, 우안은 신시가지가 자리 잡고 있다. 2차 대전을 겪었음에도 옛 모습을 고스란히 간직하고 있다. 중세 고성과 교회들에서 조금은 투박한 옛 동유럽의 흔적을 만날 수 있다. 이런 연유로 1978년에는 구시가지 전체가 세계 문화유산으로 지정되었다. 비스와 강 언덕에 건설된 '바벨 왕궁'(11세기~16세기), 아름다운 고딕 양식 '성모 마리아 성당'(13세기), 중부 유럽에서 두 번째로 역사가 긴 '야기엘로 대학'(1364년), 중세 요새 '바르바칸', 유럽에서 두 번째로 큰 광장인 '중앙광장', 세계 최초의 백화점 중 하나로 언급되는 '직물 회관'(수키엔니체)과 '시청 시계탑'까지 마주할 수 있다. 또한 목숨 걸고 유대인 학살로부터 구해준 오스카 쉰들러가 유대인을 고용했던 '에나멜 냄비 공장'도 이곳에 있다.

크라쿠프를 구석구석 돌아다니고픈 마음은 간절했지만, 여건상 중앙광장만 들리기로 했다. '금강산도 식후경'이라 했던가. 우린 우선 시장기를 해소하기로 했다. 홈런볼 과자 식감의 수프와 폴란드식 감자전 플라츠키(Placki)가 나왔다. 특히 플라츠키는 겉은 바싹! 속은 부드럽고 담백한 맛! 내 입맛에 딱이었다. 이제껏 먹은 기내식은 음식이 아니었다는 생각이 플라츠키를 먹는 내내 들었다.

크라쿠프 중앙광장은 중세 광장으로 주변에 많은 유적 건축물들이 즐비하다. 고딕과 르네상스 양식이 혼합된 직물 길드관, 구 시청사, 높이가 다른 엄청난 첨탑 2개가 있는 성모 마리아 성당 등 모두 역사적 가치와 아름다움이 서려 있다. 특히 성모 마리아 성당 첨탑에 얽힌 형제의 비극 설화는 기억에 남는다.

박준호 | 79
유럽 도시의 매력에 풍덩 빠지다

비엘리치카 소금광산[Wieliczka Salt Mines]

우린 크라쿠프에서 남동쪽으로 약 13km 떨어진 비엘리치카로 이동했다. 비엘리치카 남쪽에 있는 폴란드에서 가장 오래된 소금광산이 우리의 목적지였다. 1978년 유네스코 세계문화유산으로도 지정된 곳이다. 이제껏 소금은 바다 염전을 통해서만 얻는 것이라고 생각한 나는 소금 광산이 의아했다. 하지만, 먼 옛날 바다였던 곳에 퇴적 암염이 생성되고 소금광산이 되었다는 설명을 듣고 나의 의문은 해소됐다.

비엘리치카 소금광산은 13세기부터 개발되기 시작했다. 그 당시 중세 시대엔 소금이 '하얀 금'이라고 불릴 정도로 가치가 있었다. 소금은 폴란드 왕실 수입의 1/3을 차지했다고 할 정도였고, 1996년까지도 소금을 채취했다. 현재는 광부들이 소금광산에 펼쳐놓은 빼어난 예술작품들로 관광객들의 발길을 머물게 한다.

소금을 채취해보는 광부 체험 프로그램도 있지만, 우리는 관람을 하러 지하 광산으로 내려갔다. 비엘리치카 소금광산의 규모는 어마어마하다. 지하 327m 깊이에 180개 이상의 갱

이 있다. 채굴이 끝난 방도 무려 2,000여 개나 된다. 또한 이 방들은 전체가 300km에 달하는 복도로 연결되어 있다. 관람은 지하 64~135m 깊이에 개방된 방들만 볼 수 있었다. 잠이 모자라 피곤한 컨디션으로 380개 나무 계단을 내려가려니 현기증이 났다. 겨우 내려와 보니 크기와 형태가 다른 방에는 저마다의 명패가 있다. 광부들의 일상생활을 짐작할 수 있다. 휴식 공간, 예배당, 식당, 카페, 마구간 등 또 다른 거대한 지하세계가 자리 잡고 있다. 특히 상상을 초월하는

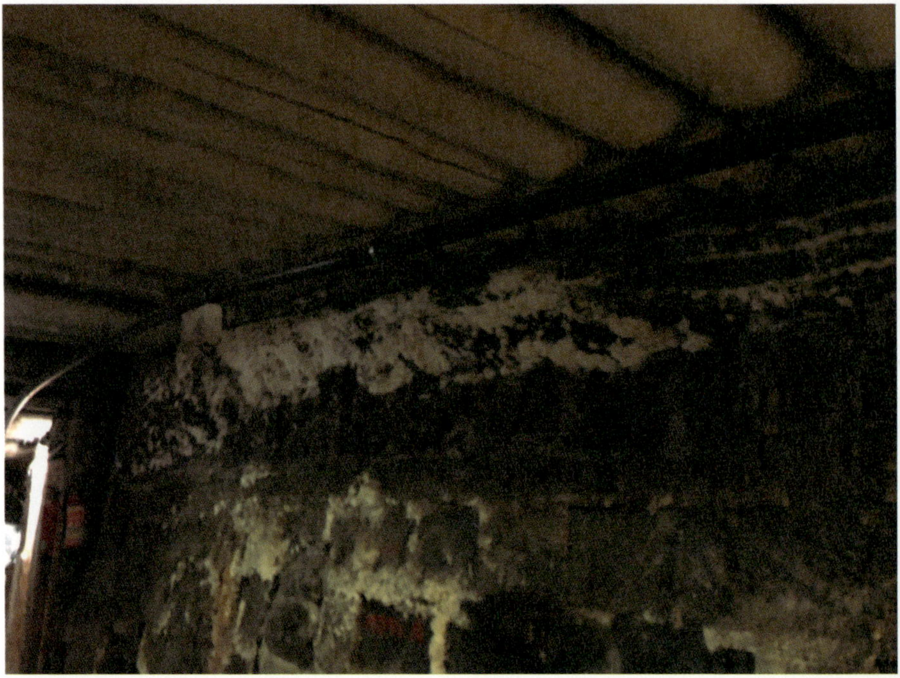

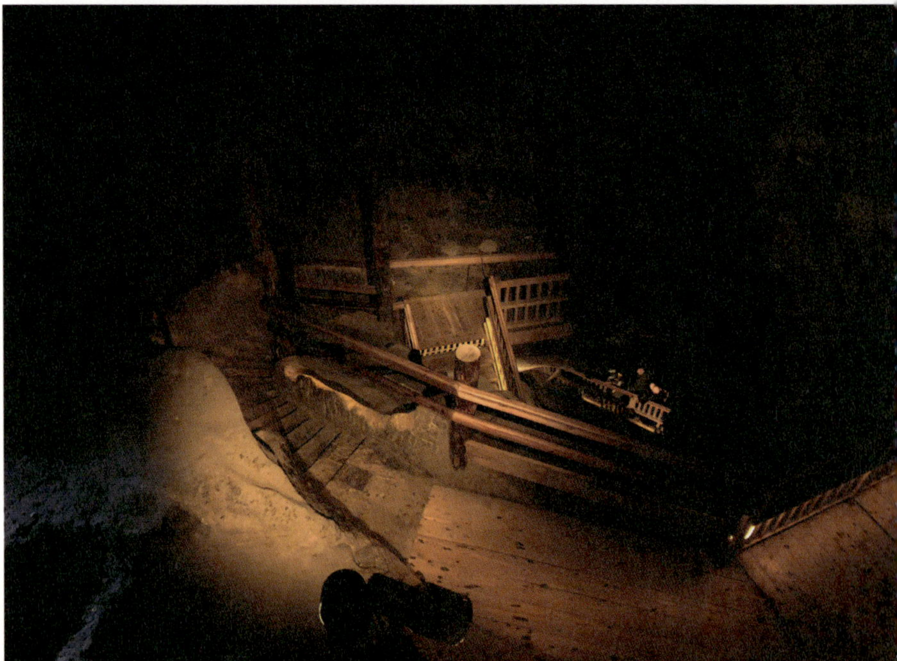

규모와 아름다운 소금 예술에 탄성이 저절로 나온다. 특히 1493년 코페르니쿠스의 방문을 기념한 코페르니쿠스 조각상과 요한 바오로 2세 조각상, 난쟁이 조각상, 왕의 조각상 등 여러 조각상들이 있었다. 고된 노동에 지친 몸과 마음의 위로와 안전, 가족의 행복을 기원하던 성당들도 있었다. 그 중 킹가 성녀를 기억하고자 만든 '킹가 성당'은 웅장하다. 제단과 샹들리에 등 대부분 소금으로 만들어졌다. 특히 음각으로 제작한 '최후의 만찬'은 탄성을 자아낸다.

관람을 끝내고 지상으로 올라오니 밝은 태양빛이 더욱 고맙게 여겨진다. 어둡고 위험한 소금광산을 예술로 승화시킨 광부들의 재능에 탄복했다. 그리고 한편으론 암흑 속에서도 마음의 빛을 찾으려는 광부들의 마음이 읽혀 안타깝다.

오시비엥침-브제진카수용소
[Oświęcim-Brzezinka]

크라쿠프에서 여행 첫날밤을 보내고 1시간을 달려 시골 마을 오시비엥침에 도착했다. 오시비엥침에는 유대인 대학살 홀로코스트(Holocaust)의 상징인 아우슈비츠 수용소가 있는 곳이다. 1939년 나치가 폴란드를 침공한 후 오시비엥침을 독일식으로 바꿔 부른 이름이 아우슈비츠다. 나치에 의

해 참혹하게 학살되는 유태인들의 실상을 흑백 필름으로 담은 영화 '쉰들러 리스트'(Schindler's List, 1993년)의 배경이 된 곳이기도 하다.

오시비엥침은 슬픈 역사가 깃든 도시이다. 16세기부터 소금 교역의 요충지로 경제활동이 용이하고, 이방인들의 정치적·법적 권리가 잘 보장돼 유대인들이 모이기 시작했다. 2차 세계대전이 일어나기 전 오시비엥침의 유대인의 인구는 주민의 절반이 넘었다. 1940년 침공한 독일군은 오시비엥침

유대인에게 오시비엥침 수용소 부지를 만들게 했다. 1941년에 모든 유대인들의 집을 몰수하고 추방 명령을 내렸다. 쫓겨난 유대인들은 인근 마을에 수용되었다. 그들은 1942~43년 사이에 오시비엥침 수용소로 끌려와 거의 모두 죽임을 당했다. 오시비엥침만 아니라 그리스, 노르웨이 등 유럽 각지 유대인 110만 명, 폴란드인 15만 명 등 130만 명이 오시비엥침으로 끌려 왔다. 그중 110만 명이 죽임을 당했다.

우린 현재 박물관으로 사용하는 오시비엥침 제1수용소와 3km가량 떨어진 브제진카에 있는 제2수용소(독일식 명칭:비르케나우)를 방문했다. 박물관 정문에서 200m 정도 걸어가니 '노동은 자유를 만든다(ARBEIT MACHT FREI)'라는 푯말이 걸린 수용소 입구가 나온다. 둘레에 쳐진 고압전류 철조망이 더욱 음산함을 풍긴다. 실내 전시관은 참혹함을 증명하는 물건과 사진, 유품이 산더미처럼 쌓여있다. 학대와 생체의료실험, 감금 등 학살 흔적이 고스란히 남아 있다. 만약 나였다면 그 끔찍한 고통이 오히려 죽음의 용기를 줄 것만 같았다.

수많은 유대인과 정치범이 학대와 굶주림 속에서 강제노동을 하다 생을 마감했다. 지하 가스실과 시체 소각장을 마주할 때 분노가 치밀었고, 인간의 본성이 이렇게나 악랄할까? 하는 의문과 좌절감을 느끼게 만든다.

제2수용소 브제진카 수용소에는 강제 이송된 유대인을 태웠던 기차 철길과 '죽음의 문', 가스실, 유대인을 수용했던 건물이 남아 있다. 한동안 마음이 무겁다. 참혹함의 잔상들이 자꾸 떠오른다.

저녁 먹으러 가는 길에 브로츠와프 광장에 잠깐 들렀다. 많은 사람들이 여유를 즐기고 있다. 그 속에서 구걸하고 있는 집시 소녀가 나에게 다가와 손을 내민다. 썩 내키진 않았지만, 처량한 눈빛을 외면할 수 없어 2유로를 주고 말았다. 몇 발자국을 옮기니 사람들이 모인 곳에 여자 바이올린 연주자의 멋진 버스킹 공연이 펼쳐지고 있다. 바이올린을 배운 내가 들어봐도 수준급의 연주였다. 버스킹이 나의 버킷리스트에 올라 있었지만, 이번 여행에선 미리 준비를 하지 못했다. 그런 연유일까? 많은 관중들 앞에서 연주하는 그녀가 존경스러울 정도다. 끝까지 다 듣고 환호 섞인 박수와 몇 십 유로까지 줄 용의도 있었다. 하지만 안타깝게도 촉박한 시간이 발목을 잡았다.

오시비엥침에서 3시간을 달려 레그니차(Legnica) 숙소에 도착했다. 숙소에 LG 텔레비전이 떡하니 놓여 있다. 반갑기도

하고 LG 직원도 아닌데도 뿌듯하다. 외국에 나오면 모두 애국자가 된다더니 내가 꼭 그 짝이다. ㅎㅎ

베를린 카이저 빌헬름 기념교회
[Kaiser Wilhelm Gedachtniskirche]

여행 셋째 날, 시차에 완벽하게 적응한 나는 상쾌하게 5시 10분에 일어났다. 밝게 떠오른 폴란드 태양은 나를 환하게 비춘다. '만나서 반가웠어. 다음에 또 만나자'라는 인사를 하는 듯하다. 아쉽게도 오늘은 폴란드를 떠난다.

폴란드 레그니차에서 독일 베를린까지는 약 3시간이 걸렸다. 가는 중간엔 휴게소 들리는 재미도 있었다. TWIX 셰이크도 먹고, 이젠 제법 익숙해진 유료 화장실 요금이 좀 저렴하면 기뻐하기도 하고. ㅎㅎ

하펠 강과 슈프레 강이 합쳐지는 곳에 독일 최대의 도시 베를린이 있다. 서울보다는 1.5배 정도의 면적에 대략 400만 명의 인구로 번잡스럽지도 않다. 넓은 숲과 많은 호수. '베를리너 루프트(베를린의 공기)'라는 노래가 있을 정도의 맑은 공기까지. 그야말로 부러운 경관을 가지고 있다. 겨울은 상당히 춥지만, 여름은 선선해서 여행하기 딱 좋다. 1871년에서 1945년까지 독일의 수도였다가 제2차 세계 대전 이후 동과 서로 나뉘었다. 동부는 동독 수도, 서부는 서독에 편입되었다. 1990년 통일이 되면서 다시 통일 독일의 수도로 되었다. 그야말로 전쟁, 분단, 통일의 역사가 깃든 명실상부 독일의 역사와 문화의 중심지다.

우린 맨 먼저 베를린 장벽에 있었던 검문소 '체크포인트 찰리'(Checkpoint Charlie)로 향했다. 이 검문소는 베를린 장벽이 무너지자 철거됐다. 지금은 검문소를 재현해 놓았다. 앞면엔 미군 사진이, 뒷면에 소련군 사진이 우뚝 서 있다. 통일 전의 베를린 상황을 엿볼 수 있다. 군복 입은 아저씨랑 기념촬영도 했다. 기념품점에서 베를린 장벽의 조각, 키 링 등 자그마치 50유로를 지불했다. 더 있다간 내 영혼까지 다 털릴 것 같아 서둘러 버스에 올랐다.

독일 최대의 번화가 쿠담 거리로 이동했다. 거기엔 제2차 세계대전의 폭격 상처를 고스란히 간직한 '카이저 빌헬름 교회'가 있다. 113m 높이의 첨탑은 71m만 남아 있다. 정말 '썩은 이'처럼 부서지고 화염에 그을린 교회다. 독일을 통일한 카이저 빌헬름 1세(Wilhelm I)를 위해 카이저 빌헬름 2세(Wilhelm II)가 1895년 세운 교회다. 네오르네상스 양식의 멋진 교회는 몇 장의 사진으로만 볼 수 있다. 특히 모자이크로 장식된 천장은 무교인 나에게 신심을 불러일으키기에 충분했다. 구관은 전시관의 기능을 할 뿐이다. 예배당 등 교회로서 기능은 신관이 맡고 있다.

박준호
유럽 도시의 매력에 풍덩 빠지다

바로 옆엔 세계적인 건축가 에곤 아이어만(Egon Eiermann)이 설계한 신관이 있다. 남아있는 구관의 유적을 둘러싼 4개의 빌딩으로 구성돼 있다. 6각형 타워, 팔각형 교회는 '썩은 이' 옆 '립스틱과 파우더 박스'처럼 있다. 다채로운 색깔의 스테인드글라스와 벌집 모양의 콘크리트 벽의 신관과 부서진 첨탑의 구관과의 묘한 조화가 이채롭다. 교회 앞 계단엔 전쟁으로 희생된 사람을 기리는 꽃과 사진이 놓여있다. '과연 누굴 위한 전쟁인가?' 하는 의문만 머릿속에 맴돈다. 계단부터 입구에는 베를린 장벽이 있었다는 걸 표시한 선도 있다. 내부로 들어가니 직접 파이프 오르간을 연주하고 있다. 인상적인 단출한 단상과 푸른빛의 스테인드글라스와 오르간 연주가 어우러져 있다. 나도 두 손 모아 뭐라도 간절히 기도를 올려야 할 것 같다.

많은 기념품점의 유혹을 이번에도 이기지 못했다. 독일 국기가 그려진 볼펜 20자루를 무려 50유로에 샀다. 아직 여행 초반인데……ㅠㅠ 걱정은 김치찌개와 불고기로 날려버렸다. 우여곡절로 생각지도 못한 큰 방에서 묵게 됐다. 그 행복감은 잠들기 전까지 계속됐다. 크고 편안하고 좋은 숙소는 여행의 만족감에 큰 영향을 끼치는 것은 두말할 나위가 없으니 말이다.

포츠담 체칠리엔호프 궁[Schloss Cecilienhof]

간밤에 넓은 방에서 숙면을 취하고 기분 좋게 아침을 연다. 오늘은 근처 포츠담을 탐방한다. 우리 역사에 있어 중요한 '포츠담 선언'이 이뤄진 곳을 간다니 궁금증이 폭발한다. 베를린에서 남서쪽으로 25km 떨어진 포츠담은 75%가 녹지대다. 하펠강(Havel R.)을 비롯해 20개의 호수와 강이 있는 곳이다. 1918년까지 프로이센 왕의 거주지이었고, 19세기부터 독일 학문의 중심지다. 현재는 세 개의 공립대학과 30여 개 연구기관이 있다.

40여 분을 달려 포츠담 상수시 궁전(Sans-Souci Palace)에 도착했다. 막 궁전 안으로 들어가려는데 귀에 익은 음악이 들린다. 아리랑이다. 한 아저씨가 플롯으로 연주를 하고 있다. 이어 애국가도 들려준다. 먼 포츠담에서 들린 애국가와 아리랑은 더욱 애절하다. 왠지 마음 한구석이 아린다. 상수시 궁전은 아름다운 숲과 호수로 둘러싸인 프랑스풍 정원이 멋지다. 궁전을 지은 프리드리히 2세의 무덤도 있다. '대단한 왕도 어쩔 수 없이 죽음을 맞이했구나.' 인간의 유한한 삶을 다시 깨닫는다.

1945년 7월 26일 미국·영국·중국 3개국 수뇌가 포츠담 체칠리엔호프 궁전에서 회담을 한다. 일본에 대한 무조건 항복 요구와 전후 일본에 대한 처리 방침을 포괄적으로 제시하는 공동선언이다. 포츠담 선언은 한국의 독립을 재확인한 선언으로 체칠리엔호프 궁전이 의미 있게 다가온다. 역사적 의미만큼 화려하거나 웅장하지 않다. 1914년에서 1917년 사이 건립된 것으로 황태자 빌헬름의 아내가 30년간 머문 곳이다. 영국 튜더왕가 양식으로 얼핏 보면 동양식처럼 보인다. 입구엔 트루먼, 처칠, 스탈린 사진이 걸려 있다. 포츠담 회담 협상 테이블과 방이 그대로 전시되고 있다. 급박한 당시의 상황을 떠올려본다. 기념사진도 잊지 않았다. 우리의 역사 한 페이지에서 나의 역사 한 페이지 기록을 남겼다.

베를린 홀로코스트 메모리얼

포츠담 탐방을 마치고 베를린 탐방 길에 올랐다. '이스트 사이드 갤러리'(East Side Gallery)는 야외 갤러리로 작가들의 다양한 자유로움이 표출돼 있다. 벽화 중 드미트리 브루델의 〈형제의 키스〉가 눈에 띈다. 인사라 하지만 왠지 남자끼리 키스! 한국인인 난 좀…… 거기엔 베를린 장벽의 가치를 깎아내리는 도박꾼들도 많았다. 다시금 눈살이 찌푸려진다. 그럼에도 여행기 자료용 사진을 찍는다고 한참을 머물렀다. 역시 쉬운 일은 없다.

슈프레 강(Spree R.) 가운데 있는 슈프레 섬으로 갔다. 그곳은 5개의 박물관이 있어 '박물관 섬'으로 부른다. 그리고 화려미와 웅장미가 돋보이는 '베를린 대성당'도 있었다. 믿음이 있는 건 아니지만, 꼭! 들르고 싶었는데 공사 중이었다. 그중 페르가몬 박물관(Pergamon museum)에 들렀다. 방

대한 양의 유적, 유물이 전시되고 있다. 몇 시간으로 볼 수 있는 양이 아니다. 페르가몬 대제단(Pergamon Altar), 밀레토스의 시장문(The market Gate of Miletus), 이슈타르 문, 마샤타 궁전(Mschatta) 등 건축물들이 유적지 현지에서 출토된 그대로 옮겨져 전시되고 있다. 규모에 놀랍고 섬세하고 아름다운 예술에 더욱 놀랍다. 베를린이 아닌 발견된 유적지에서 전시됐으면 더 멋질 거라는 생각도 든다.

살아 움직이는 거대한 미로에서 탈출하는 영화 메이즈 러너(The Maze Runner, 2014)가 떠오르는 '홀로코스트 메모리얼'로 갔다. 정식 명칭은 '학살된 유럽의 모든 유대인을 위한 기념공간(Memorial to the Murdered Jews of Europe)으로 거대한 사각 콘크리트 벽 수백 개가 숲처럼 세워져 있다. 성인 남성의 키도 훌쩍 뛰어넘는 높이에 중앙으로 들어갈수록 땅이 움푹 꺼지는 바람에 체감 높이는 훨씬 더 하다. 강제 수용소로 끌려가고, 가스실로 보내져 죽음을 당한 유대인들이 느꼈을 고통을 한 번쯤 느껴보라는 의미의 조형물이라 한다. 가해자 독일은 진정으로 잘못을 인정하고, 추모 공간을 수도 베를린에도 세워놓았다. 내부에는 나치의 만행을 사진과 함께 자세히 설명하고 있다. 지난 과오를 끊임없이 사과하는 독일의 용기에 박수를 보내고 싶다.

이어 베를린의 상징 브란덴부르크 문(Brandenburg Gate)으로 갔다. 퀴어 축제가 한창이었다. 동·서 베를린의 경계에서 현재 독일과 베를린의 랜드마크로 늘 많은 인파로 붐빈다. 특히 문 위 '승리의 콰드리가'와 다섯 줄의 차도가 눈에 띈다. 5개 차도는 신분에 따라 구분한 차도라 한다. 문득 경복궁 영제교에 있는 왕의 길 어도와 무관 길, 문관 길이 떠오른다. 동서양을 막론하고 신분에 따라 길도 달리하던 것이 이제는 사라져 얼마나 다행인지 모르겠다. ㅎㅎ

하노버 에기디엔교회 [Aegidienkirche]

어제 포츠담과 베를린의 촘촘한 일정임에도 새벽까지 여행기 자료 정리를 했다. 눈을 떠니 출발 10분 전이다. 혼미한 정신으로 허겁지겁 버스에 몸을 실었다. 3시간가량의 이동 시간 동안 잠이 몰려왔다. 선생님의 말씀을 자장가 삼아 잠이 들었다. 하노버에 거의 다다라 휴게소에 들러 화장실을 갔다. 'SANIFAIR' 표시가 있는 화장실이다. 70센트 지불하면 50센트 바우처를 주는 곳이다. 잠자느라 선생님의 설명을 놓친 나는 바우처 티켓을 그만 휴지통으로 쏭~~! 우리보다 2배 이상 비싼 음료수를 살 땐 바우처 티켓이 더욱 아쉬웠다.

중세 시대에 라인 강 중류에 '높은 강둑'을 의미하는 하노버(Hanover)가 세워졌다. 유럽 대륙에서는 영국과 베를린의 동서 라인, 이탈리아와 스칸디나비아 남북 라인이 교차하는 곳으로 독일 북부 니더작센주의 주도로 행정·경제·문화의 중심지다. 한자동맹(북해·발트해 연안의 독일 여러 도시가 뤼베크를 중심으로 상업상의 목적으로 결성한 동맹)에 가담한 상공업 도시이기도 하다. 그럼에도 도처에 광대한 녹지대

가 조성된 '초록 대도시'의 면모도 갖추고 있다. 역사적으로 영국의 하노버 왕가가 선제후(후에는 국왕)로 있었던 하노버 왕국의 수도이기도 하다. 제2차 세계대전 땐 생산 중심지, 교통 요충지라는 이유로 88회에 걸쳐 전략폭격을 당했다. 그리하여 도시의 90%가 파괴되었다.

에기디엔 교회도 그 당시 폭격의 상흔들이 그대로 남아 있다. 천장은 없고, 십자가 탑과 외벽이 전부다. 내부는 텅 비어있다. 전쟁의 경각심을 주기 위함이라 하는데 확실히 효과는 있는 듯하다. 전쟁의 참혹함이 가슴에 스며든다. 재건된 탑 아래 일본에서 보내온 '평화의 종'이 있다. 살짝 두드리니 평화의 염원이 멀리까지 퍼져나간다.

12년 동안의 공사로 1913년 완공된 하노버 신 시청사(New City Hall)는 호수와 어울려 아름다운 궁전 같다. 이어 진짜 궁전 헤렌하우젠(Herrenhauser Garten) 궁전을 보러 갔다. 헤렌하우젠 궁전도 멋지지만, 세계 최대 규모를 자랑하는 정원에 마음을 뺏겼다. 80m 이상 솟아오르는 대분수와 린덴 가로수길, 미로원 등 이루 말할 수 없을 만큼 아름답다. 역시 왕들의 사치를 막을 수 있는 사람은 없나 보다.

쾰른[Koln; Cologne],
슈바인스학세[Schweinshaxe]

하노버를 단숨에 구경하고 새로운 여행지 쾰른으로 향했다. 3시간이 훨씬 넘는 이동 시간은 준석이 형이 파헬벨의 캐논(Johann Pachelbel, Canon)을 기타 연주로 해줘 지루하지 않았다. 독일 바로크 음악가 요한 파헬벨의 캐논이 이곳에선 더욱 독일스럽고(?) 아름답게 들린다. ♬~♪# 휴게소에선 앞서 그냥 버린 바우처 티켓을 이번엔 유용하게 사용했다. 아이스크림과 스무디를 기분 좋게 먹었다.

라인 강을 끼고 있는 고도 쾰른은 기원전 37년 로마 군에 의해 건설된 도시이다. 쾰른이란 이름도 로마명 콜로니아(식민지)에서 유래했다. 라인 강의 수운·철도·도로의 요충지로 라인란트(Rhineland 라인강을 중심으로 양쪽 지역)의 경

제·문화의 중심이다. 제2차 세계대전 중엔 옛 건물이 거의 파괴되었다. 19세기 이후의 신시가지가 건설되었다. 현재는 구시가지에 독일 고딕 건축의 걸작품 쾰른 대성당을 비롯해 로마 시대의 유적 등 옛 건축물이 많이 남아 있다.

우린 본격적인 쾰른 탐방은 내일로 미루고 우선 저녁을 먹으러 갔다. 메뉴는 독일 전통음식 '슈바인스학세(Schweinshaxe)!' 돼지를 의미하는 슈바인(Schwein)과 발목 위 관절을 의미하는 학세(Haxe)의 합성어다. 독일의 3대 도시 뮌헨을 주도로 하는 바이에른주의 전통 요리다. 보통 아침은 소시지와 프레첼을 먹고 농부들의 기력 보충용으로 저녁은 슈바인스학세를 먹었다고 한다. 우리의 족발과 비슷하나 삶은 후 다시 구워 슈바인스학세가 더 부드럽고 바삭하다. 주로 양배추를 발효시켜 만든 자우어크라우트(Sauerkraut)와 으깬 감자 등을 곁들인다고 한다. 특히 맥주와 궁합이 잘 맞아 맥주 축제에 빠지지 않는다. 슈바인스학세, 피클, 맥주의 조합은 '독일식 삼합(三合)'으로 불린다.

기대만큼이나 크고 먹음직스러운 슈바인스학세가 나왔다. 일단 고기를 다 발랐다. 고기 양이 더욱 푸짐하다. 부드러운

고기가 입속에서 사르르 춤을 추고 바삭함은 기분까지 업 시킨다. 맥주가 빠져 삼합이 아닌 이합 정도로 끝냈지만, 다음 방문할 땐 꼭!!~~ 시원한 맥주 한 모금 들이켜고 슈바인스학세 맛을 보리라. ㅋㅋ

코블렌츠[Coblenz], 코헴[Cochem]

여행도 중반을 넘어가고 있다. 체력이 점점 바닥을 드러내고 있다. 홍삼, 맨손 체조 등으로 컨디션 회복에 신경을 쓴다. 그럼에도 오늘은 유독 피곤하다. 독일에서 유학 중인 민영 누나가 나타났다. 독일 전통 옷을 예쁘게 입고 말이다. 찌뿌둥함도 금세 상쾌함으로 바뀐다. 가벼운 발걸음으로 누나랑 함께 쾰른 대성당으로 Let's go~~

외관은 매연으로 세월의 때가 잔뜩 묻어 있었다. 내부에는 동방박사 황금 유골함, 게로의 십자가, 거대한 조각 기둥까지 보석 같은 유물로 빛나는 쾰른 대성당!!! 스테인드글라스 속으로 통과하는 햇볕에 나의 성심이 불쑥 나온다. '저의 행복이 영원하길…… 저를 옳은 길로 인도하여 주십시오.' 하고 촛불을 켜고 기도를 드렸다.

라틴어로 '합류점'을 뜻하는 콘플루엔테스(Confluentes)에서 유래된 코블렌츠로 향했다. 라인 강과 모젤 강의 합류점에 위치하는 도시로, 우리로 치면 남한강과 북한강의 합류점 '양평 두물머리'이다. 모젤 강 쪽 물빛은 황토색이라 라인 강과의 합류점이 한눈에 보인다. 도이체스 에크(독일의 모퉁이라는 뜻)부터 라인 강 상류 지역의 약 60km 일대는 라인 협곡으로 세계 문화유산으로 등록돼 있다. 그곳엔 독일 통일의 업적을 세운 빌헬름 1세 기념비가 우뚝 서 있다. 맑고 깨끗한 하늘과 도이체스 에크의 풍경이 빚어낸 사진은 작품이다. 미세먼지 없는 맑은 하늘이 부럽다.ㅜㅜ

모젤 강엔 기원전 11세기부터 요새가 만들어졌고 이후 더 강력한 요새를 구축했다. 라인 강 절벽 위의 에렌브라이트슈타인 요새는 강과 울창한 숲이 더해져 절경이다. 게다가 코블렌츠는 포도주 교역 중심지로 달콤함이 더해지는 듯하다.

오스트리아와 독일에서 즐기는 '비너 슈니첼(Wiener Schnitzel)'을 감자튀김과 콜라를 곁들어 먹었다. 아주 만족스럽고 행복한 시간이었다. 모젤 강이 흐르는 깊은 역사도시 코헴으로 이동했다. 모젤 강 위로 유람선이 한가로이 떠다니고, 강변엔 아기자기한 예쁜 건물들이 즐비하다. 마을 안쪽 광장도 동화 속에 들어온 착각을 일으킬 정도다. 예쁜 건물과 골목길이 매혹적이다. 마을 중앙 산 위에는 예쁜 공주가 갇혀 있을 법한 코헴성이 있다. 성으로 가는 길엔 화이트 와인 생산

지답게 포도나무들이 심어져 있다. 와인 축제도 매년 열리는 이곳은 와인 가게들도 여럿 있다. 가게의 특성을 잘 표시한 철제로 만든 상형 간판이 독특한 미를 뽐낸다.

재희가 사준 아이스크림과 내가 산 머랭 쿠키를 먹으며 골목 골목을 누빈다. 삭막한 빌딩 숲보단 자연과 어울린 옛 건물들에 더욱 힐링이 된다. 코헴에서 나는 세계문화유산으로 지정된 초가집, 기와집이 보존돼 있는 '경주 양동마을'도 문득 떠오른다. 역시나 발전도 좋지만, 옛 것에 대한 보전도 반드시 필요한 듯하다.

룩셈부르크[Luxeburg] 아돌프다리[Pont Adolphe]

모젤 강변 도시 코헴을 마지막으로 독일을 떠나 2시간을 달렸다. 모젤 강과 알제트 강이 흐르는 룩셈부르크에 도착했다. '작은 성채'라는 의미의 룩셈부르크는 요새와 고성으로 둘러싸여 있다. 도시 전체가 움푹 파인 계곡 위에 있다. 독

일, 프랑스, 벨기에 사이에 있어 늘 침략을 당했다. 작은 나라로선 난공불락의 성채를 쌓아 침입에 대비할 수밖에 없었을 것이다.

우리는 페트루세(Petrusse) 계곡에 위치한 헌법광장으로 갔다. 월계관을 들고 있는 황금 여신상 위령탑이 있다. 위령탑

비문을 통해 한국 전쟁에 전투원 44명을 파견했다는 걸 알
았다. 우리 어려움에 힘을 보태주심에 감사함이 절로 느껴
진다.

페트루세 계곡의 알제트 강에 한때 세계에서 가장 큰 규모를
자랑하던 아치교 '아돌프 다리'가 보인다. 높이는 46m, 길이
는 153m이다. 아돌프 대공작이 통치하던 시기 1889~1903
년에 건설되었다. 룩셈부르크에서는 뉴브리지(New Bridge)
라고도 부르며 구시가지와 신시가지를 연결하고 있다. 녹음
으로 둘러싸인 아돌프 다리는 참으로 아름답다. 다리 아래로
걷다 보니 대포를 쏘는 구멍이 여러 개 있다. 페트루세 포대
다. 역시나 룩셈부르크에는 요새가 군데군데 있다.

브뤼셀 그랑 플라스[Grand Place in Brussels], 고디바[GODIVA]

제법 일행들과도 친해져 새벽까지 친목 도모를 했다. ㅎㅎ
그러다 보니 3시간 정도 밖에 자지 못해 전투식량으로 아침
을 때웠다. 그래도 이것이 '여행의 묘미'가 아닐까? 피곤해

도 입가엔 웃음이, 전투식량은 꿀맛이었다. 하지만, 휴게소에선 늘 사먹던 '하리보 젤리' 보다 신맛 나는 우리나라 '신쫄이 젤리' 생각이 간절해진다. 더욱이 한 달에 한 번도 먹지 않던 '감자튀김'을 매일 먹었다. 돌아가서는 당분간 쳐다보지도 않을 것이다. 그래도 오늘은 초콜릿은 예외이다. 평소 고디바 초콜릿을 좋아하는데 초콜릿 본고장 벨기에를 가기에 더욱 고무된 상태다.

북대서양조약기구(NATO)와 유럽연합(EU)의 본부가 있는 브뤼셀로 간다. 유럽 전체의 중심지이자 벨기에 수도 브뤼셀은 1830년 혁명으로 네덜란드로부터 독립하고 벨기에의 수도가 되었다. 이미 17세기부터 '유럽에서 가장 아름다운 도시'로, 모직물 제조로도 유명한 고도이다. 현재는 유럽연합의 중심지, 교통의 중심지로 기차를 이용해 네덜란드, 독일 등 이웃 나라로 쉽게 이동 가능하다. 게다가 국제기구, 박물관, 미술관, 공원, 세련된 레스토랑과 바 등이 많아 여행객들이 붐비는 곳이다.

우린 유럽 국기가 게양돼 있는 유럽연합 본부를 거쳐 그랑 플라스(Grand Place)로 갔다. '큰 광장(Grand Place)'이란 의미인 그랑 플라스는 13세기에 대형 시장이 생기면서 발달했다. 동서로 110m 남북으로 70m로 시청사, 왕의 집, 길드 하우스 등 고딕과 바로크 양식 건물 39채가 사방을 둘러싸고 있다. 과연 '세계에서 가장 아름다운 광장'이라고 극찬한 빅토르 위고의 말이 실감 난다.

15세기 고딕 양식의 건축물 '시청사'는 96m 첨탑이 인상적이다. 브뤼셀의 수호성인 천사 미카엘의 상이다. 광장을 내려다보고 있어 마치 천사 미카엘이 지켜주는 듯하다. 시청사 맞은편에는 16세기 초에 세워진 고딕 양식 '왕의 집'이 있다. 스페인의 왕이 된 브라반트 공작이 업무를 보던 곳이다. 지금은 시립 박물관으로 쓰이고 있다. 소장품에는 오줌 누는 소년 동상의 의상도 있다. 그 외 17~18세기 길드라는 동업자 조합이 성행하던 시절 들어섰던 잡화, 빵, 정육점, 맥주 등 다양한 길드 하우스가 있다. 현재는 레스토랑, 은행, 카페 등으로 사용되고 있다.

광장엔 꽃 시장이 열리고 각종 문화예술 행사로 활기가 넘친다. 그리고 오매불망 찾던 고디바 가게가 보인다. 11세기경 영국 코번트리(Coventry) 지방 영주의 부인 고디바의 용기, 관용, 우아함, 고귀함을 높이 사서 초콜릿 이름으로 사용했다. 1956년 조셉 드랍스가 '쇼콜라티에 드랍스(Chocolatier Draps)'라는 원래의 이름을 변경하고 이곳 그랑 플라스에 최초로 '고디바 초콜릿(Godiva Chocolates)'이라는 가게를 열었다. 얼른 가고 싶었으나, 근처 오줌싸개 소년 동상(Man-nenkenPis)을 보고 자유 시간이 주어졌다. 브뤼셀의 저항 정신의 상징인 오줌싸개 소년 동상은 생각보다 아주 작았다. 내 뇌리에는 오로지 고디바 초콜릿 가게로 가득하다. 건성으로 오줌싸개 소년 동상을 후다닥 보고 초콜릿 가게로 뛰어갔다. 우와~~ 난생처음 보는 초콜릿부터 익히 아는 초콜릿까지 다양하다. 심지어 초콜릿 한 개에 6.5 유로나 하는 것도 있다. 프리미엄 브랜드라 평소 먹던 것도 비싼 가격이라 생각했는데 깜짝 놀랐다. 하지만, 먹음직스럽고 고급진 초콜릿을 눈앞에만 두고 볼 수 없었다. 열심히 담았다. 뿌듯함으로 가슴이 벅찬다. ㅎㅎ

헤이그 이준 열사 기념관 [Yi Jun Peace Museum, Hague]

대한제국은 『1905년 을사늑약의 부당함과 일본의 침략을 폭로하고 국제 사회에 도움을 요청하기 위해 1907년 네덜란드 헤이그에서 열린 만국평화회의에 이상설, 이준, 이위종이라는 특사를 파견한다.』

우리 근현대사 대목에서 만나는 안타까운 장면이다. 일본의 방해로 회의에도 참석하지 못함에 안타까움과 약한 국력에 화가 났던 게 떠오른다. 지금 바로 그 역사적 현장인 헤이그로 가고 있다. 창밖 풍경은 너무나도 평화롭고 아름답다. 100여 년 전 파견된 열사들은 이 풍경에 어떤 마음이었을까? 풍경이 눈에나 들어왔을까? 나라 잃은 설움이 얼마나 컸을까? 1인당 국민 총소득(GNI) 세계 10위인 현재 우리나라를 열사님들이 본다면 어떨까? 여러 생각이 몰아친다. 어느새 네덜란드 헤이그에 도착했다.

헤이그는 북해 해안 근처 있는 도시로 유럽의 외교상 전략상 요충지다. 1899년 국제 평화회의가 열렸고, 1901년 국제중재재판소가 설치된 곳이다. 1922년에는 상설 국제사법재판

소도 설치되었다. '백작의 울타리', '작은 숲'의 의미처럼 헤이그는 숲에 둘러싸인 호화 저택이 많다. 또한 암스테르담이 형식적인 수도이나 이곳에 정부 기관이 있어 실질적인 수도인 셈이다.

'진주 귀걸이를 한 소녀'가 전시된 헤이그 마우리츠하위스(Mauritshuis) 미술관, 미니어처 도시 마드로담, "내일 지구의 종말이 온다고 해도 나는 오늘 한 그루의 사과나무를 심겠다."라고 말한 철학자 스피노자의 묘 등 볼거리가 많다. 그래도 이 모두를 다 제치고 우리는 이준 열사 기념관(Yi Jun Peace Museum)으로 향했다. 1907년 당시 이준 열사가 체류하다 순국한 호텔(Hotel De Jong)을 1995년 8월 5일에 구입, 이를 개조하여 설립한 곳이다. 관장님의 상세한 설명으로 이준 열사님 곁으로 한층 더 가까이 갈 수 있었다. 2층엔 이력서 등 유품 및 만국평화회의 한국 관련 자료 등이 전시되어 있다. 그중 1907년 7월 5일자 〈평화회의보〉가 눈에 띈다. 이위종과 인터뷰한 기사다. 특히 마지막 문구. "무력이 세계를 지배한다. 세계를 지배해왔다. 세계를 지배할 것이다. 온유함은 연약한 것이다. 승리하는 것은 무력이다."

약육강식! 패권주의! 약소국의 현실에 대해 어찌할 수 없는 답답함과 안쓰러움이 기자의 마지막 문구에 남아있다. 민족의 수난을 막을 방법은 누구를 탓하기 전에 우리의 힘을 키워 누구도 넘보지 않게 해야 한다. 앞으로 우리나라를 이끌어갈 나도 마음속 깊이 다짐한다. '절대 두 번 다시 나라를 빼앗기

지 말자.' 나는 이준 열사님에게 감사를 표하듯 10유로를 주고 책 한 권을 구입했다.

조금은 무거운 마음으로 네덜란드의 미니어처 테마파크 마두로담(Madurodam)으로 갔다. 입구엔 손으로 댐을 막고 있는 소년 상이 호기심을 자극한다. 제2차 세계대전 때 공군 장교 게오르그 마두로(George Maduro)는 나치 군에 저항하다 다하우(Dachau) 집단 포로수용소에서 죽었다. 게오르그 마두로의 부모는 아들을 기리기 위해 사재를 털어 약 2,000평의 부지에 소형 도시를 건설했다. 아들에 대한 애절한 사랑이 모형 도시를 만든 것이다. 수익금도 자선사업비로 내놓는다고 한다. 나라면 그 많은 돈으로 해외여행이나 다닐 것 같다. 하해와 같은 부모의 마음을 알 리 없는 나로선 이해하기 힘들다.

암스테르담 담 광장[Dam Square, Amsterdam]

지난밤은 꼬박 새우고 밝은 일출을 본다. 천천히 올라오더니 어느새 둥근 태양의 완전체가 보인다. 나의 여행도 하루

하루 지나더니 어느새 여행의 마지막 날이 오고 말았다. 날씨가 쌀쌀해진 탓에 따뜻한 차 한 잔 마시며 아쉬움과 쌀쌀함을 잠재웠다. 남은 하루도 즐거움으로 꽉 채우겠다는 의지로 상쾌하게 출발한다.

암스테르담은 암스텔(Amstel) 강과 제방을 의미하는 담(Dam)이 합쳐져 '암스텔 강의 둑'이라는 의미다. 암스텔 강에서 일어난 홍수(1170년~ 1173년) 이후 다리와 댐을 건설하면서 형성된 도시다. 국토의 25%가 바다보다 낮아 제방을 쌓고, 개간해 도시를 건설한 것이다. 그 결과 운하로 둘러싸인 부채꼴 도시로 크고 작은 운하가 사방으로 뻗어 있다. 70여 개의 섬을 500개의 다리로 연결하여 장관을 이룬다. 특히 '암스테르담의 17세기 운하 연결망'은 세계문화유산으로 '북부의 베니스'라고도 한다. 14세기 초에는 북부 상인들의 동맹체인 한자동맹으로 인한 무역업으로 번영했다. 현재는 유럽 대륙의 도로·철도·항공로의 요지로서 스히폴 공항과 다양한 국제열차를 운행하고 있다. 또한 세계 최대 고흐 컬렉션을 자랑하는 '반 고흐 미술관'(Van Gogh Museum)이 자리 잡고 있기도 하다.

우리의 암스테르담 탐방 기점은 담 광장이다. 암스테르담의 모든 길은 담 광장으로 통하기 때문이다. 날씨가 좋으면 광장에서 공연이랑 퍼포먼스도 펼친다는데 비가 조용히 내려 한적하다. 광장 한가운데에는 22m 높이의 전쟁 위령비가 있다. 제2차 세계대전에서 희생된 젊은 영혼들의 넋을 기리고 있다. 광장 주변에는 왕궁, 신교회, 마담 투소(Madame Tussaud) 밀랍 인형관, 호텔, 쇼핑몰 등 시내 주요 명소와 오래된 건물들이 자리하고 있다. 북서쪽으로 10분쯤 걸어가면 안네 프랑크의 집이 있다. 1942년 6월부터 1944년 8월까지 살던 집이다. 숨어 지내면서 일기를 썼던 다락방이 지금도 잘 보존되어 있다. 안네 프랑크의 집 반대편으로 조금만 더 가면 화가 렘브란트의 집이 보존돼 있으며 미술관이 자리하고 있다.

마담투소 밀랍 인형관에서 얼마나 세계 유명 인사들을 밀랍 인형으로 잘 재현했는지 보고 싶다. 안네의 다락방도, 예술의 혼이 깃든 렘브란트 집도 보고 싶다. 그러나 나의 희망사항은 이루어지지 않았다. 비도 추적추적 내리고 빠듯한 일정 탓에 광장에서의 사진 몇 장으로 만족해야만 했다.ㅠㅠ

잔세스칸스[Zaanse Schans]

빗줄기가 더욱 굵어졌다. 빗속을 뚫고 20여 분을 달려 풍차 마을 잔세스칸스로 갔다. 18세기에는 700개가 넘는 풍차가 있었다고 한다. 지금은 관광용으로 몇 개만 남아 있다. 동화 속 마을 같다. 강변 마을에 풍차가 있고, 예쁜 목조 집과 방목하고 있는 양이 잘 어울린다. 한껏 목가적인 분위기를 자아내고 있다. 게다가 마침 비가 와서 더욱 운치가 있다. 하지만 이동할 때는 좀 불편하다.

옛날부터 네덜란드는 해수면과 지면의 높이가 같고 지반이 약해 나막신을 즐겨 신었다고 한다. 지금도 마을에는 나막신 공장이 있다. 직접 만드는 공정도 볼 수 있다. 우리의 나막신 과는 모양부터 다르다. 굽도 없고 버선코가 살아있는 모양이 아니다. 발등을 덮는 나무로 만든 스니커즈? 같다. 주재료도 우린 오동나무와 버드나무인데 반해 그들은 포퓰러 나무다. 무엇보다도 알록달록 풍차 그림이 페인팅 돼 있는 것이 특색 이다. 앙증맞게 예쁘다.

또, 나막신만큼이나 유명한 치즈공장이 있다. 오리지널, 갈릭, 칠리 등 다양한 맛의 치즈를 시식과 판매하고 있다. 고다 치즈만 있는 곳에선 너무 향이 강해 조금은 거북했다. 그래도 맛난 치즈와 스트룹와플(Syrup waffle)까지 구입했다. 특히 스트룹와플은 꿀과 캐러멜이 사이에 들어있어 맛이 일품이다.

암스테르담 스히폴 공항
[Amsterdam Airport Schiphol]

렘브란트 집을 보지 못해 아쉬웠는데 암스테르담 국립 미술관에 들러 그의 작품을 볼 수 있었다. 고흐 작품도 함께 말이다. 작품을 통해 시대상과 생활상을 엿볼 수 있어 좋았다. 참, 난생처음 그림을 스캐닝 하는 것도 보고, 의미 있는 방문이었다.

이로써 우리의 여행은 마침표를 찍고 스히폴 공항으로 갔다. 민영 누나와는 아쉬운 작별을 해야 했고, 우린 수속 절차를 밟았다. 이것저것 선물을 산 나는 무게를 초과할까 봐

내심 걱정이었다. 다행히 그런 일은 일어나지 않았다. 조금은 가벼운 마음으로 탑승 전 쇼핑에 나섰다. 준석이 형과 나는 SONY 헤드셋을 살 건지 말 건지에 대해 심각하게 고민했다. 일본 제품 불매 운동을 하는 이 시국에 눈 딱 감고 살까? 하지만 우리의 결론은 불매운동에 참여하기로 하고 가성비 좋은 SONY 제품을 포기했다. 스스로 뿌듯한 마음으로 밥을 먹으러 갔다. 그런데 우린 일본 음식문화는 존중해야 한다는 조금은 엉뚱하고 일관성 없는 논리로 일식을 먹었다. 그런데 꿀맛이었다. '가깝고도 먼 나라'가 아닌 '이웃사촌'으로 더불어 잘 살 수 있기를……

마침내 우린 귀국행 비행기를 탔다. 직항이라 꼼짝없이 긴 시간 앉아 있어야만 해서 곤혹스럽다. 잠도 자고 영화도 보고 음악도 듣고 기내식 빵을 음미까지 하다 보니 드디어 도착했다. 착륙할 때 잠깐 튕기는 순간엔 스릴(?)도 느껴져 좋았다. 하지만 숨이 턱 막히는 한국의 날씨에, 여행할 때의 쾌적함이 이내 그리워졌다.

여행을 마치며

처음으로 치즈를 사 왔다. 검역대상물품인지도 몰랐다. 세관 신고서에 검역 신고를 해야 하는지 몰랐다. 공항 검사받을 땐 나의 안일함과 미숙함에 조금 주눅이 들었다. 다행히 공항 직원분의 친절한 안내와 도움으로 무사히 공항을 빠져나왔다. 마지막까지 내 삶의 성장에 도움이 된 이번 여행! 하루하루 허투루 보내지 않고 무사히 여행을 마친 나에게 스스로 칭찬을 해본다. 또한 처음으로 '여행기'까지 도전했으니 더욱 내가 자랑스럽다. 사실 여행 내내 여행기를 써야 한다는 압박감도 만만치 않았다. 하지만, 난 그걸 넘어섰다. ㅎㅎ 이것 또한 나의 성장이니 나에게 엄지 척이 절로! ㅎㅎ

이런 자신감과 많은 경험을 나에게 선물로 주신 부모님에 대한 감사함이 가슴 깊이 올라온다. 누구나 여행을 그것도 유럽여행을 쉽게 보내줄 수 있을까? 그렇지 않다는 걸 잘 안다. 난 거기에 보답이라도 해야 한다는 생각으로 최대한 노력을 했다. 하지만, 간혹 분위기에 취해 늦게 자고 늦게 일어나는 바람에 하루의 컨디션을 망친 적이 있었다. 그래도 이

제는 계획적인 생활과 규칙적인 생활의 중요성도 깨달았으니 큰 수확이다. ㅎㅎ

그리고 무엇보다도 새로운 유럽 문화를 생생하게 보고 듣고 느낄 수 있었다. 폴란드 소금광산, 독일 쾰른 대성당에선 인간의 위대함을! 독일 카이저 빌헬름 교회에선 전쟁의 참혹함을! 룩셈부르크에선 부국은 나라의 크기가 아니라는 걸! 네덜란드 이준 기념관에선 나라 잃은 설움을! 그래도 나에게 가장 행복감을 안겨준 것은 벨기에 초콜릿! 시각뿐만 아니라 미각까지 만족을 줬다. 가격이 좀 비싸 아쉬울 뿐이었다.

김 경숙 선생님! 이번 여행 내내 자고 있는 저를 깨워주시느라 힘드셨죠? 세심하게 챙겨주셔서 정말 감사합니다.^*^

아버지, 어머니! 부모님의 사랑으로 멋지게 성장한 제가 꼭! 여행 보내드리겠습니다.
약속합니다. 사랑합니다. ♥ ♥

아마스 빈, 유럽

성장의 전환점이 된
유럽여행

김재희

폴란드, 독일, 벨기에, 네덜란드, 룩셈부르크

성장의 전환점이 된
유럽여행

김재희

출국 며칠 전부터 여행용품을 사는 등 여행 준비로 분주했다. 여행의 기대감도 가방 한편에 넣고 짐을 챙겼다. 경유지인 네덜란드로 향하는 비행기는 새벽에 출발했다. 엄마의 정성이 가득한 이른 저녁을 먹고, 엄마랑 인천공항 제2여객터미널로 향했다. 개장한지 2년도 채 안 된 공항 터미널은 깨끗함과 쾌적함으로 나를 반겼다. 엄마께 잘 다녀오겠다는 짧은 인사를 한 뒤 출국장으로 들어섰다. 출국심사, 보안심사 등을 무사히 마쳤다. 늦은 시간이라 공항 게이트는 한적하기까지 하다. 면세점도 10시 반이 되니 하나 둘 폐점을 했다. 24시간 운영하는 줄 알았는데 ······

모든 수속 절차를 마치고 비행 이륙시간만을 기다리는 것은 참으로 고역스럽다. 부모님을 떠나 여행을 처음 하는 것도 아니다. 그런데 평소엔 존재감도 없던 내 심장이 마구 나대기 시작했다. 불안감인지? 설렘인지? 모를 떨림에 나는 겨우 잠이라는 진정제로 대처했다. 얼마를 잤던가! 비행시간이라며 웅성거리는 소리에 깼다. 드디어 나의 여행이 시작된다. 기쁨도 잠시 11시간이라는 장시간의 비행이 나를 기다리고 있었다. 겨우 3시간쯤 자고 눈이 번쩍 떠졌다. 그 이후로는 도통 잠이 오지 않는다. 중간중간에 나오는 기내식은 냄새만 맡아도 메슥거림이 올라온다. 그저 내 폰 속 뮤직 플레이만 작동하고 있다. 음악도 지겹기 시작했다. 차창 쪽이면 바깥 풍경에라도 눈길을 돌릴 텐데…… 모두 잠든 기내에서 홀로 천장만 멍하니 쳐다봤다. 한참을 비워진 내 머릿속에 이런저런 생각으로 가득 찬다.

이번 유럽 여행은 주변 친구들의 부러움을 많이 샀다. 다녀와서 자랑할 생각을 하니 입꼬리가 저절로 올라간다. 그것도 잠시, 처음 만난 친구, 오빠들과 열흘이 넘는 동안 여행을 잘 할 수 있을까? 게다가 내가 '여행기'까지 책으로 펴낼 수 있을까? 하는 생각이 꼬리에 꼬리를 문다. 내가 원해서 떠난 이번 여행에 왜 이리도 걱정이 많은지. 잠시 자책을 하면서 훌륭하게 마치겠다는 의지를 다시 불태운다. 중학교 2학년이 될 때까지 나름 공부도 열심히 하고 여러 악기도 다뤄봤다. 하지만 '난 이 일을 꼭 하고 싶다.'라는 생각은 들지 않았다. 이제는 뭔가에 빠져 정열을 쏟고 싶다. 그에 보답해 돌아오는 희열과 성취감도 맛보고 싶다. 그 과정이 아무리 힘들어도 말이다. 이번 여행이 그 시작이 될 것이다. 나는 처음 만난 사람들과 쉽게 친해지는 성격은 아니다. 그 걸림돌도 잘 넘어 새로 만난 친구, 오빠들과의 즐거운 여행을 선물 받고 싶다. 게다가 낮엔 유럽 도시 구석구석을! 밤엔 틈틈이 여행기를! 이번 여행의 특별한 미션도 보란 듯이 완수하고 싶다. 버릴 것은 버리고, 또한 습득할 것은 습득하는 이번 여행. 나의 성장 전환점이 될 것이다. 차츰 여행의 불안감은 사라지고 기대감으로 꽉 찬다. 영화 〈죽은 시인의 사회〉에서 존 키팅 선생님이 외치던 "카르페 디엠(Carpe diem)!"이 떠오른다. 현재 이 순간에 충실하리라! 즐기리라!

암스테르담 스히폴 국제공항
[Amsterdam Airport Schiphol]

네덜란드 관문 암스테르담 스히폴 국제공항에 도착했다. 폴란드로 가기 위한 경유지다. 유럽의 허브 공항으로 유럽 각국의 항공사가 취항하고 있다. 우리의 여행은 이곳에서 유럽의 첫 향기를, 마지막 향기를 맡는다. 우리 여행 마지막 일정이 네덜란드로 잡혀 있다. 그때 본격적인 탐방을 기약하고 오늘

네덜란드와의 첫 대면은 스히폴 공항에서의 짧은 2시간 남짓이다. 그래도 11시간을 날아와서 첫 발을 내디딘 유럽 공항은 나에게 진한 인상을 남겼다. 막 태양이 떠오르기 직전 새벽 6시. 하늘빛은 온통 강렬한 붉은빛과 짙은 푸른빛의 향연을 펼치고 있다. 아름다움과 신비로움에 사로잡혔다. 황홀한 광경이 금방 사라질까 봐 열심히 카메라 셔터를 눌렀다. 이어 초콜릿과 크루아상(croissant)으로 첫 유럽을 맛봤다. 특히 햄 치즈 크루아상은 '유럽의 빵은 다 맛있다.'라는 내 나름의 선입견과 정확하게 맞아떨어졌다. 속은 아주 부드럽고 겉은 바삭한 것이 일품이다. 내 배가 허락하기만 하면 끊임없이 먹을 수 있을 정도다. 스히폴 공항에서의 짧은 시간은 유럽 여행의 기대감을 더욱 불어 넣었다.

폴란드로 향하는 비행기에 올랐다. 창문 너머로 어느새 떠오른 태양은 파란 잔디를 쨍쨍 내리쬐고 있다. 2시간만 비행하면 우리의 최종 목적지 폴란드다. 안도감이 들자 잠이 몰려왔다. 기절하듯 자다 문득 눈을 떠니 구름 속을 비행 중이다. 마치 만화에서처럼 하얀 구름은 창문을 점점 덮어버린다. 잠이 덜 깬 몽롱함은 상상의 나래를 편다. 난 이상한 나라의 앨리스가 된다. 토끼를 따라 굴속 다른 세상을 들어가고 있다. 저 너머 폴란드가 보인다.

비엘리치카 소금광산[Wieliczka Salt Mines]

발트해에 면한 중부 유럽의 나라, 폴란드에 도착했다. 폴란드는 10세기에 국가의 기틀을 잡고, 16세기에 전성기를 맞았다. 한때는 중부 유럽 대부분을 차지하기도 했다. 하지만 1795년 프로이센, 러시아, 오스트리아 3국에 의해 분할된다. 그 후 1918년 독립하였으나, 제2차 세계대전으로 서부는 독일에, 동부는 소련에 분할 점령된다. 그러다 겨우 1945

년 해방된다. 우리의 아픈 역사처럼 폴란드도 평탄치 않은 역사를 품고 있다.

도착했을 때 네덜란드에서의 맑은 날씨는 온데간데없다. 우중충한 것이 곧 비가 내릴 것 같다. 슬픈 역사가 더욱 애잔하게 상기된다. 금강산도 식후경! 꽃구경도 식후사라고 하지 않았는가? 우린 폴란드식 '감자전' 플라츠키(Placki)를 먹었다. 함께 나온 소스는 입에 맞지 않았으나, 플라츠키는 내가 좋아하는 맛이다. 배도 든든하고 본격적인 탐방에 나섰다.

유네스코는 1972년 채택한 '세계 문화 및 자연유산 보호 협약'(세계유산 협약)에 근거해 세계문화유산을 지정하고 있다. 1978년 최초로 세계 유산 목록에 등재된 12개 곳 중 2곳이 폴란드에 있다. '비엘리치카 소금광산, 크라쿠프 역사지구'가 바로 그곳이다. 그 명성과 우리 여행의 첫 탐방지로 나의 기대감은 더욱 커진다.

우리는 크라쿠프에서 멀지 않은 비엘리치카 소금광산을 먼저 들렀다. 먹구름은 이내 비를 내렸다. 비를 피해 소금광산으로 전직 광부였던 가이드를 따라 들어갔다.

비엘리치카 소금광산은 문헌에 남아 있는 유럽에서 가장 오

래된 소금 광산 중 하나다. 동서 5km, 남북 1km, 지하 327m 로 세계 최대 규모의 소금광산이다. 13세기부터 20세기 후반까지 소금을 채굴했다. 중세에는 소금을 '회색의 금'이라 일컬었고, 지금보다 더 높은 가치의 산물이었다. 그로 인해 소금은 중세 국가 재정의 상당 부분을 차지했다. 지금은 당시 광부들이 남긴 소금조각 작품들로 수많은 관광객들이 찾고 있다. 소금이라는 중세의 산업 자원이 현대에는 관광자원으로 탈바꿈한 것이다.

미로 같은 길이 끊임없다. 선생님 말씀대로 여기서 길을 잃으면, 3개월 후쯤 만나게 될 것 같다. 소금으로 인해 썩지 않은 나무 기둥 위엔 도로명과 같은 광부들만의 표식도 보인다. 더 깊숙이 내려가니 광부들의 소금 예술작품들이 빛나고 있다. 실물 크기의 조각상, 교회, 제단, 부조 작품들에 눈이 휘둥그레진다. 지동설을 주창한 당당한 코페르니쿠스(Nicolaus Copernicus) 조각상도 눈에 띈다.

지하 100m 지점에는 '축복받은 킹가 예배당'이 있다. 여기엔 스토리텔링(Storytelling)이 존재했다. 헝가리에서 폴란드로 시집오면서 소금광산을 지참금으로 가져왔다 하여 마을의 수호신처럼 숭배되는 킹가 공주를 위한 공간이다. 길이 55m, 폭 18m, 높이 12m로 여느 지상의 예배당과 똑같다. 다르다면 지하에 소금으로 만들었다는 것뿐이다. 십자가에 못 박힌 그리스도, 무릎 꿇고 있는 수도사, 최후의 만찬 부조, 성모 마리아의 조각상 등. 특히나 천장에 걸려있는 화려한 소금 샹들리에는 경이롭기까지 하다. 조각품들의 섬세함은 광부들의 솜씨라고는 도저히 믿기 힘들다.

크라쿠프 역사지구[Cracow's Historic Centre]

폴란드에서 두 번째로 큰 도시 크라쿠프로 향했다. 크라쿠프는 11세기부터 600년 가까이 폴란드 왕국의 수도였다. 제2차 세계대전 때 연합군이 폭격을 하지 않아 현재도 중세의 모습이 고스란히 남아있다. 마치 신라의 천 년 역사가 깃든 살아 있는 박물관, 경주와 같은 곳이다. 경주 역사유적지구는 2,000년 유네스코 세계유산으로 등재됐다. 크라쿠프 역사지구는 1978년이니 경주보단 조금 일찍 그 가치를 인정받았다. 경주 역사유적지구에는 조각, 탑, 왕릉, 산성 등 불교 유적과 생활 유적이 산재해 있다. 크라쿠프 역사지구는 13세기에 조성된 중앙광장(Rynek Growny)을 중심으로 수키엔니체(Sukiennice 직물회관), 성모교회, 바벨 성, 대성당, 예배당 등 11세기부터의 중세 시대 산물이 구시가지에 산재해 있다.

중앙 광장 리네크 광장은 크라쿠프의 중심부로 구시가지의 중앙부에 있다. 총면적은 4만㎡으로 이탈리아 산 마르코 광장에 이어 유럽에서 두 번째로 큰 광장이다. 고딕과 르네상스 양식이 혼재한 하얀 건물 수키엔니체가 먼저 눈에 들어온다. 100m에 달하는 건물이다. 그곳엔 다양한 기념품점들이 들어서 있다. 근처에는 13세기에 건립된 고딕 양식의 성모 마리아 성당도 있다. 그 외 구 시청사와 옛 크라쿠프 귀족들의 저택이 광장 주변에 늘어서 있다.

크라쿠프 역사 지구는 뛰어난 중세 건축 양식을 여실히 보여주고 있다. 사방이 중세로 시간 여행을 온 듯한 착각을 불러일으킨다. 여기에 한가로이 비둘기에게 먹이를 주는 아이. 야외 카페에서 향기로운 커피를 두고 사랑의 눈빛을 교환하는 연인들까지. 여유로움과 행복함이 가득하다. 나도 폴란드의 이국적인 역사 산물들과 평화로운 분위기에 취해 잠시 넋을 놓고 일행들과 풍경을 즐겼다.

아우슈비츠 강제 수용소[Auschwitz Concentration Camp]

어제의 빡빡한 일정은 시차 적응이니 뭐니 할 것 없이 숙면을 취하게 했다. 아침엔 늘 엄마의 상냥한 목소리에 일어나곤 했다. 하지만, 오늘은 엄마의 부재를 내 몸이 먼저 깨닫고, 저절로 눈이 번쩍 떠졌다. 내가 좋아하는 양송이 볶음, 토스트로 에너지 충전을 하고 오시비엥침(Oświęcim)으로 이동했다. 가는 길 내내 빠뜨리고 온 초콜릿, 새로 산 샴푸가 아른거린다. 오시비엥침엔 아우슈비츠 강제 수용소가 있다. 오시비엥침을 독일어로 아우슈비츠라는 사실을 처음 알았다. 제2차 세계대전 당시 나치가 유대인 절멸을 위해 운영한 수용소 중 최대 규모로 홀로코스트(Holocaust)의 상징인 곳이다. 세 구역이 있는데 우리는 두 구역을 방문했다. 먼저 오시비엥침에서 3km 떨어진 브제진카(Brzezinka), 마을 주민들을 퇴거시킨 뒤 그곳에 수용소를 지은 제2 수용소로 갔다. 제2 수용소는 제2차 세계대전 당시 300여 개의 막사가 있던 곳으로 가운데 정문이 있다. 그리고 정문을 지나는 철길이 있고, 철길

양옆에 나무 막사와 벽돌 막사가 있다. 몇 개동은 개방돼 있다. 열악하기 짝이 없는 시설과 참혹함을 대변하는 사진에 저절로 눈살이 찌푸려진다. 허허벌판에 철조망으로 둘러싸인 막사 안으로 기차가 들어온다. 노동력이 없는 아이와 노인은 가스실로 가서 죽임을 당한다. 살아남은 자들도 고된 노동과 굶주림으로 고통받다 죽음을 맞이한다. 상상만으로도 끔찍하다. 버스를 타고 제1 수용소로 이동했다. 가장 오래된 주 수용소

로 지금은 아우슈비츠 박물관으로 사용되고 있다. 그곳엔 희생당한 수많은 사람들의 머리카락, 안경, 신발이 산더미처럼 쌓여있다. 기겁할 정도다. 특히 '적은 내부에 있다'고 했던가? 을사오적처럼 유대인 앞잡이들이 가혹한 폭행을 일삼는 사진엔 충격을 받았다. 혹한을 버티는 얇은 옷을 입은 수감자의 사진은 안쓰러움에 한참을 봤다.

일본의 731부대의 마루타 생체실험, 인간의 숨어 있는 힘이나 현상을 연구하는 오컬티즘(occultism)을 내세운 독일의 생체실험은 인간이기를 포기한 행위이다. 희생된 아이들의 사진엔 숨이 턱 멎는 듯하다. 인권을 유린하고, 핍박하고, 학대하고 학살한 것은 더 이상 용서받지 못할 것이다. 그래도 가해자 독일은 지난 과오를 참회하고, 용서를 빌고 있다. 독일 학생들의 수용소 방문을 정기적으로 권장하는 등 교육장으로 이용하고 있다.

노동력이 없는 사람들이 샤워실로 빙자한 가스실에서 죽음을 당했다. 반지하에 있는 가스실은 정말로 샤워기가 달려 있다. 천장엔 정사각형 모양의 가스 살포 구멍도 있다. 그 광경은 적막 속에서 침 삼키는 소리, 한숨 소리만 연상되게 만들었다. 살충제 사이클론 B 독가스를 마시고, 고통 속에서 몸부림치는 희생자들이 떠올라 괴롭다. 옆방엔 놓인 추모의 꽃에 더욱 안타까움이 드는 화장장도 있었다.

수용소를 나와 버스를 탔다. 달리는 버스 속에서는 한동안 그

누구도 말을 하지 않았다. 나는 한참 동안 '인간의 존엄성'과 '인간의 이중성'에 대해 스스로에게 되묻는다. 그리고 인간다운 인간이 되기는 힘들지만, 우리는 끊임없이 노력해야 한다는 결론에 이르렀다.

프리드리히슈타트 검문소
[체크포인트 찰리 Checkpoint Charlie]

오늘은 폴란드와 이별을 하고 독일과 만난다. 아쉬움과 기대감이 반반이다. 버스로 4시간 좀 더 달리면 베를린이다. 베를린으로 가는 길은 만족감과 행복감이 충만했다. 긴 이동시간을 감안해 맛난 조식을 든든히 먹었다. 포만감으로 기분과 컨디션은 최상이다. 시원한 에어컨 아래서 창문 액자 너머로 보이는 싱그러운 녹음과 파아란 하늘 풍경화는 감동이다. 버스도 뻥 뚫린 도로를 거침없이 달린다.

한참을 달리다가 버스가 멈췄다. 우리를 위해 휴게소를 들리려고 멈춘 것은 아니다. 우리가 아닌 운전사를 위해서란다. 유럽의 여러 나라에서는 법으로 운전시간, 휴식시간 등을 정하고 있다. 쉼 없이 최대 4시간 30분을 운전을 했으면 15 ~ 30분은 반드시 휴식시간을 가져야 한다고 한다. 교통사고를 미연에 방지하기 위한 좋은 교통법규인 것 같다. 운전사의 건강이 곧 승객의 안전이니 Good idea!!

폴란드와는 또 다른 색채의 나라 독일에 도착했다. 수도 베를린은 우리처럼 회색 빌딩이 즐비했지만, 우리와는 조금 차별이 나는 도시 분위기다. 젊은 예술인들의 성지로 좀 더 밝고, 세련미가 뿜어 나온다고나 할까? 하여간 독일 베를린의 첫인상은 좋다. 독일과 우리나라는 2차 세계대전이 종전된 후 '냉전시대'(소련이 해체되는 1991년까지)에 분단의 아픔을 맞았다. 독일은 동서로 우리는 남북으로. 하지만, 현재 독일은 통일을 이뤄 이제는 분단이 기념물이 됐다.

프리드리히슈타트 검문소도 마찬가지다. 판문점처럼 냉전의 최전방인 곳이었다. 냉전시대 영화에 단골로 나오는 곳으로 간단히 'C'라고 불렀다. 그 연유로 '체크포인트 찰리' (Checkpoint Charlie)라는 별명이 붙여졌다. 1989년 11월 9일 베를린 장벽이 무너졌다. 체크포인트 찰리도 1990년 6월 22일에 철거됐다. 지금은 기념물로 재현해 놓았다. 맨 먼저 큰 사진 표지판이 눈에 들어온다. 동베를린 쪽엔 소련군이, 서베를린 쪽엔 미군의 사진이 걸려 있다. 냉전시대 기념물이라는 걸 여실히 보여주고 있다. 작은 초소 앞에는 군인 복장을 하고 있는 안내원이 있다. 함께 기념촬영하려면 3유로를 지불해야만 한다. 불과 몇 십 년 전엔, 이곳은 목숨을

걸고 베를린 장벽을 넘어온 사람들의 탈출구였다. 참으로 격세지감이 느껴진다.

주변 기념품 가게에는 베를린 장벽 조각이 기념품으로 판매되고 있다. 가격이 8유로, 15유로, 30유로 등 상당히 비싸다. 아무리 기념적인 의미의 가치가 포함됐다고 해도…… 그저 내 눈엔 여느 돌덩어리처럼 보인다.

우연히 길가에 세워진 신호등을 봤다. 자세히 보니 신호등에 사람 형태의 그림이 들어있다. 밋밋한 우리의 신호등보다 입

체적으로 보인다. 초록불은 걷는 모습을, 빨간불은 서 있는 모습이다. 알고 보니 이것은 동독의 '신호등 아저씨'이다. 통일 된 후 '신호등 아저씨'를 제거하고, 서독 신호등으로 교체하려고 했다. 이에 동독 주민들은 1996년 '신호등 아저씨를 구출하자'라는 시민운동까지 벌였다. 우여곡절 끝에 '신호등 아저씨'가 동독 지역에서 부활했다. 지금은 베를린 전역으로 확대 도입되었다. 통일 이후 서로 조정하고, 양보하고, 화합할 과제가 참으로 많은 것 같다. 우리의 경우는 분단 기간이 더 길어 서로의 다름이 더 클 것이다. 통일도 중요하지만, 그 이후도 매우 중요하다는 생각이 든다. 철저한 준비가 수반된 통일이 필요할 것이다.

2차 세계대전 당시 폭격의 생체기를 그대로 드러내고 있는 카이저 빌헬름 기념교회(Kaiser Wilhelm Gedachtniskirche)도 근처에 있다. 전쟁의 참혹함을 경각시키고자 그대로 보존하고 있다. 상처 입은 모습은 세월의 연륜이 묻어 있어 오히려 기품이 느껴진다. 그 옆엔 평화와 자유를 상징하는 푸른빛 돌 유리로 장식된 멋진 육각형 신관도 있다.

여행 오기 전부터 독일에서 꼭 사야 할 물품을 정리해뒀다.

'dm'이라는 쇼핑몰에서 핸드크림, 치석 치약 등을 양손 가득 구입했다. 뿌듯함에 발걸음도 가볍다.

느끼한 유럽식 식단에 질리기 시작했는데, 마침 저녁은 김치찌개와 제육볶음이었다. 속이 다 풀렸다. 그런데 에어컨을 좀 켜주면 좋을 텐데…… 뜨거운 불 위에서 조리되고 있는 매운 찌개와 볶음을 먹는 내내 땀이 줄줄~~~. 하는 수 없이 이열치열의 정신으로 먹는 것에 치중했다. 선생님께서 땀 흘리는 우리 모습을 보시더니 말씀하셨다. 독일은 2011년 일본 후쿠시마 원전 사고 이후 탈원전 정책을 추진하고 있다. 그리고 2022년까지 원자력발전소 17기를 가동 중단할 계획이라고 한다. 그런데 대체할 풍력, 태양열 등 신재생에너지의 비효율로 전력 부족 상황이 이어지고 있다는 것이다. 그로 인해 전기 요금은 연일 고공행진을 하고 있어, 쉽게 에어컨을 켤 수가 없다고 한다. 숟가락을 놓자마자, 시원한 에어컨이 나오는 버스로 달렸다. 헉헉!

오늘 하루는 베를린의 역사, 문화, 정책까지 몸소 체험할 수 있었다. 좀 더 독일에 다가선 듯한 기분이다. 내일은 또 어떤 모습의 독일이 기다릴지 설렌다.

포츠담 상수시궁[Sans-Souci Palace]

며칠 동안에 친해진 오빠들과 준호랑 밤늦게까지 담소를 나누느라, 그만 늦게 일어났다. 오늘은 포츠담으로 가서 상수시궁, 체칠리엔호프궁을 보고, 다시 베를린으로 돌아오는 빡빡한 일정이다.

독일 역사는 프로이센 왕국을 빼놓고 얘기할 수 없을 것이다. 호엔촐레른가(House of Hohenzollern)가 지배했던 독일 북부 지역에 위치한 왕국으로 1701년에 성립해 1918년까지 존속했다. 지금 우리가 가고 있는 상수시궁은 바로 프로이센 왕국 호엔촐레른가의 여름 궁전이다. 제2차 세계대전 이후 동독의 주요 관광명소가 된 곳이기도 하다. 제3대 프로이센 국왕 프리드리히 2세가 1745년에서 1747년에 걸쳐 건립했다. 특히 프리드리히의 프랑스에 대한 우호적인 개인적 취향이 상당히 반영돼 있다. 이름도 프랑스어로 '걱정 근심 없다'는 의미인 '상수시(sans souci)'로 명명했다. 건축 양식은 프랑스 베르사유 궁전보다 더 로코코 양식에 가깝다. 그래서 '프리드리히 로코코(Frederician Rococo)' 양식이라 부르기도 한다.

특히 프리드리히 2세는 국왕 중 유일하게 대왕이라는 호칭이 따라붙는다. 우리 광개토 대왕처럼 말이다. 아버지 프리드리히 빌헬름 1세는 프로이센 기틀을 마련하고, 프리드리히 2세는 프로이센을 유럽 5대 강국으로 발전시켰다. 그리고 반전의 매력 소유자이기도 하다. 프리드리히 2세는 성장기 때 프랑스인 가정교사의 영향으로 프랑스 문화에 심취했다. 특히 볼테르(1694~1778)와의 철학적 교류와 플루트 연주를 즐기기도 했다고 한다.

상수시 공원 중앙부 언덕 꼭대기에 위치한 상수시궁으로 가는 길에 플루트 연주자를 만났다. 플루트 연주를 즐긴 프리드리히 2세를 기리고 있다. 놀랍게도 그 연주자는 한국인인 우리를 알아보고 '아리랑', '애국가', '도라지 타령'까지 연주해 주었다. 아름다운 선율까지 선물 받은 우리는 상수시궁 추억에 플루트 연주까지 더했다.

상수시궁은 화려한 장식미가 빛난다. 무엇보다도 포도나무 테라스는 어디서나 볼 수 없는 독특한 아름다움이다. 바로 앞 대분수의 시원한 물줄기는 포도넝쿨의 싱그러움을 더했다. 시선이 닿는 곳마다 아름다운 예술작품이다.

프로이센의 역대 왕들의 얼굴 조각상에 둘러싸인 프리드리히 대왕 무덤이 있다. 애견 무덤도 함께. 그리고 감자 보급에 앞장선 그의 업적 산물, 감자가 꽃 대신 놓여있다.

포츠담 체칠리엔호프궁[Cecilienhof Palace]

호엔촐레른가(House of Hohenzollern)에 의해 건립된 마지막 궁전으로 우리에겐 '포츠담 선언'을 한 곳으로 더 잘 알려진 곳이다. 가는 길 내내 선생님은 독일의 교육에 대해 자세히 설명해 주셨다.

독일에서는 네 살이 되면 의무는 아니지만 유치원에 간다. 그리고 만 6세가 되면 의무인 초급 학교 그룬슐레(Grund-schule)에 가게 된다. 교육과정은 4년(베를린은 6년. 각 지방마다 차이가 남)이다. 초급 과정이 끝나면 상급 학교로 진학하게 된다. 학생의 능력과 취향에 따라 8년 과정의 김나지움(Gymnasion), 7년 과정의 레알슐레(Realschule), 6년 과정의 하웁트슐레(Hauptschule)를 선택할 수 있다. 특히 상급 학교를 택할 땐, 성격이나 지능을 감안한 담임선생님의 의견을 많이 따른다고 한다. 아마 우리처럼 대학을 중요시하는 것이 아니라, 아이의 적성을 더 중요시하는 것이다. 여기서 우리의 인식과 큰 차이가 난다. 근본적으로 개개인의 능력보다 명문대의 가치를 더욱 높이 사는 우리 사회의 인식도 한몫했을 것이다.

김나지움은 진학 증서 아비투어(Abitur), 레알슐레는 사무직, 행정직 수행 능력 증서 미틀러레라이페(Mittlere Reife), 하웁트슐레는 직업 배우기를 위한 최소한 능력 증서 하웁트슐압슈르스(Hauptschulabschluss)가 주어진다.

특히 유치원에서는 3 ~ 6세를 같은 반에서 교육을 시킨다고 한다. 그것은 인권 감수성을 키우기 위함이다. 전에 이와 같은 내용으로 학교 논술대회에 참여한 기억이 난다. 무엇보다 3년 내신, 봉사활동, 논술, 수능까지 치러야 하는 우리와 달리 평생 유효한 아비투어만으로 자연·인문과학 분야 상관없이 진학할 수 있다는 것은 너무 부럽다. 그리고 고등학교 졸업과 동시에 경제적으로나 정신적으로나 독립을 한다는 독일! 성년이 된 후에도 부모님의 뒷바라지에서 벗어나지 않는 한국! 긴 안목에서 보자면, 자식이나 부모님 모두에게 좋은 방향은 독일 쪽인 듯하다. 우리의 인식과 교육과정도 대학이 아닌, 아이들의 행복에 맞추는 것이 해결책이 아닐까?

'카이로 선언'에 이어, 우리의 독립을 재확인시킨 '포츠담 선언'을 한 역사적인 장소에 도착했다. 1914년과 1917년 사이

에 독일 제국(1871-1918) 마지막 황제 빌헬름 황태자와 그의 아내 세실리에가 건립한 체칠리엔호프궁. 황태자 빌헬름은 1918년 추방되고, 그의 아내는 1945년 구소련이 들어오기 전까지 이곳에 머물렀다.

궁을 들어서자마자, 공산당을 상징하는 붉은 별 모양으로 꾸민 정원이 눈에 띈다. 포츠담 회담의 주최국이 소련이었다는 걸 의미한다고 한다. 회담 당시 모습을 그대로 재현돼 있는 방으로 갔다. 그 당시 사진과 한국어 오디오 해설을 통해 포츠담 회담을 생생하게 느낄 수 있었다.

베를린 이스트 사이드 갤러리[East Side Gallery]
베를린 박물관 섬[Museumsinsel(Museum Island), Berlin]

우리는 포츠담에서 맛나게 스테이크 정식을 먹고, 다시 수도 베를린으로 돌아왔다. 내일은 베를린을 떠나 하노버로 간다.

베를린 명소를 볼 수 있는 시간은 오늘뿐이다. 특히나 예술에 관심이 많은 나는 이스트 사이드 갤러리와 페르가몬 박물관에 기대가 크다. 맨 먼저 베를린 장벽 동쪽에 있는 이스트 사이드 갤러리로 갔다.
1.3km나 되는 장벽에 세계 각국의 미술 작가들의 그림이 화

려한 색채로 전시되고 있다. 베를린의 과거, 현재, 미래를 행복과 희망의 색채로 덧입혀 놓았다. 다양하고, 기발한 작가들의 작품에 감탄을 금치 못한다. 작품 '형제의 키스' 앞에서는 조금 부담스럽긴 했지만, 워낙 유명한지라 기념촬영도 잊지 않았다. 그리고 장벽 벽화를 쭉 따라 걸으며 잠시 사색에 빠졌다. 높은 장벽도 한순간에 무너져 벽화로 변하는 것을 보니, 이념의 갈등은 허무함과 동시에 무의미하다고 느껴진다. 독일이 통일이 된지도 벌써 30년이다. 그런데 우리는 아직도 교류조차도 않고 문을 꼭꼭 잠그고 있다. 어디서 본 것 같은 문구가 갑자기 떠오른다. '소통과 교류는 알레그로(Allegro)로, 통일은 안단테(andante)로' 역시 이 말이 맞는 것 같다. 통일의 선행조건은 빠르고 활발한 소통과 교류에 있다고 본다. 독일도 통일 전부터 쉼 없이 문화교류 등 다방면에서 교류와 협력을 하면서 통일을 모색했다고 한다. 하루빨리 남북의 활발한 소통과 교류가 있기를 바란다.

어느새 장벽이 끝나는 지점에 도달했다. 3.6m의 높은 장벽이 치워진 곳에 유유히 흐르고 있는 아름다운 슈프레 강(Spree R.)이 보인다. 우린 슈프레 강 가운데 자리한 슈프레 섬으로 갔다. 구 박물관(Altes Museum), 신 박물관(Neues Museum), 국립 회화관(Alte National Galerie), 보데 미술관(Bode Museum), 페르가몬 박물관(Pergamon Museum) 등 5개 박물관이 모여 있다. 그래서 '박물관 섬'이라고도 한다. 이 박물관 섬을 꼼꼼하게 보려면 몇 날 며칠은 걸릴 듯싶다. 다리를 건너 박물관 섬에 들어서니 베를린 돔 '베를린 대성당'이 먼저 우릴 맞이한다. 검게 그을린 벽면과 푸른빛의 돔 지붕이 인상적이다. 호엔촐레(Hohenzolle) 가문의 묘지 용도로 1747년부터 지어졌다고 한다. 높이 114m, 폭 73m의 거대한 천정 돔과 아름다운 대리석 조각상들로 장식된 바로크 양식의 걸작이다. 하지만, 전범국이라는 뼈아픈 대가를

치른 그을린 흔적에 왠지 쓸쓸함이 묻어난다.

페르가몬 박물관에 대한 기대감은 내 발걸음을 더욱 재촉했다. 멋지고 웅장한 박물관 사이에서 페르가몬 박물관을 발견했다. 옅은 미소가 저절로 삐져나온다. 약 20년(1910년~1930년) 간에 걸쳐서 지은 박물관은 웅장함 그 자체다. 들어가기 전부터 웅장함에 기가 눌린다. 그런데 들어서자 기원전 600년경에 만든 것으로 추정되는 이슈타르 문(Ischtar-Tor)이 원형 그대로 내 눈앞에 있다. 고대 바빌론의 성문으로 네부카드네자르 2세가 만든 것이다. 힘센 왕권을 상징하기 위해 화려하고 웅장하게 만들어 놓았다. 여기에 바빌로니아의 사랑과 전쟁을 주관하고, 풍요와 동물의 탄생을 수호하는 이슈타르 신의 이름을 붙인 문이다. 이 거대한 문은 순간 사람들을 레고 속 장난감처럼 만들어버린다. 그리고 성문은 매끄러운 푸른색 벽돌로 이루어졌다. 목욕탕 타일도 아닌 것이 어쩜 저렇게 쨍한 파란색인지. 놀랄 따름이다.

다음 전시실은 분위기가 확 바뀐다. 화려한 색감의 이슈타르 문과는 달리 밀레투스 시장 문(Markttor von Milet)은 무채색이다. 밀레투스는 현재 터키 에페수스 근처에 있던 고대 그리스 이오니아의 도시다. 굉장히 번영한 도시로 밀레투스 시장의 문은 AD 100년경에 만들어졌다. 2층 구조에 3개의 문이 있다. 보는 순간은 '뭐야, 시장 문이 왜 이리 화려해'라는 의문의 놀람이 발동한다. 정밀하고 화려한 조각들도 쭉~~ 늘어져 있어 정말 눈이 즐겁다.

다리가 아파와도 놀라운 유물들과의 만남을 멈출 수가 없다. 2층으로 올라가니 이슬람 전시관이 나온다. 내 취향의 유물들이 한가득이다. 현재 요르단 암만에서 30km 떨어진 곳에서 발견된 므샤타 궁전 외벽(Mshatta Facade)은 입이 떡 벌어진다. '돌을 어떻게 저렇게 깎을 수가 있을까?' 보면 볼수록 세세한 조각들이 신기하다.

브란덴부르크 문(Brandenburg Gate)

독일인의 반성은 이어지고 있다. 수도 베를린에 위치한 '홀로코스트 메모리얼'은 2차 대전 당시 희생된 유대인들을 기리기 위해 만들어진 대형 사각형 조형물이다. 한 걸음 두 걸음 걸어 나가면 점점 꺼져가는 바닥과 점점 높아지는 조형물들이 하늘을 다 가린다. 모진 시련을 겪은 유대인들의 좌절감과 공포감이 나에게도 고스란히 밀려온다.

오늘 일정의 마지막은 베를린의 중심가 파리저 광장에 있는 브란덴부르크 문(Brandenburg Gate)이다. 50센트 유로화에 새겨진 바로 그 문이다. 한때는 동·서 베를린의 경계로, 지금은 독일의 상징이다. 1989년 11월 이 문 앞에서 10만 명의 인파가 운집한 가운데 베를린 장벽이 무너졌다. 브란덴부르크 문은 다시 활짝 열렸다. 이제 사람들은 자유롭게 넘나든다. 우리가 갔을 땐 무지갯빛 옷을 입고 수많은 사람들이 퀴어 축제를 벌이고 있다. 독일의 시계도 참, 빠르게 변하고 있다.

하노버 신 시청사[New Town Hall]
헤렌호이저 왕궁 정원[Herrenhauser Garten]

오늘 우리의 행선지는 니더작센주의 주도로 북독일의 경제와 문화의 중심지 하노버(Hanover)다. 아침 일찍 서둘러야 되는데 그만 늦잠을 자버렸다. 그 바람에 아침은 4분 만에 끝내야만 했다. 버스에 올랐을 때 속이 더부룩했다. 혹여 멀미를 할까 봐 조마조마했다. 나는 최대한 창밖 풍경을 보며 내 속을 달랬다.

버스는 대공황(1929년 ~ 1939년) 때 경제정책의 일환으로 히틀러가 닦았다는 자동차 고속도로 '라이히스 아우토반(Reichs Autobahn)'을 신나게 내달린다. 맑디맑은 파란 하늘, 푸른 숲, 쭉 뻗은 도로! 그제야 내 속의 체증이 쑥~~ 내려간다. 독일의 교통 요충지인 하노버는 니더작센주의 소도시들을 지나야 만난다. 폭스바겐 자동차 테마파크 아우토슈타트(Autostadt)가 있는 볼프스부르크(Wolfsburg), 벚꽃길로 유명한 막데부룩(Magdeburg)도 지난다.

드디어 선제후령(1692년 중세 독일에서 황제 선거의 자격을 가진 제후가 있는 지역)이었고, 하노버 왕국(1815년~1866년)의 수도였던 하노버에 도착했다. 현재 영국 왕가인 윈저 가문에 영향을 끼친 곳이기도 하다. 윈저 가문의 시조 조지 1세가 이곳 하노버 왕국의 선제후로 대영국의 국왕(1714년)으로 즉위했기 때문이다. 그리고 독일어의 표준어는 종교개혁자 루터가 번역한 성경을 중심으로 이루어졌다. 하노버가 바로 표준 독일어의 보루다.

'녹색의 대도시'의 별칭처럼 하노버는 시내 곳곳이 푸름이 가득하다. 거기에 맑고 깨끗한 날씨는 늘 미세먼지 수치에 신경 써야만 하는 우리에게는 부러움을 사기에 충분하다. 깨끗한 자연의 혜택을 만끽한 나는 한층 더 업된 기분으로 신 시청사로 향한다. 13세기부터 중세 도시로 발전해온 하노버에는 유서 깊은 건축물들이 많다. 가는 길에 12세기경에 세워진 종교 개혁의 중심지 에기디엔 교회(Aegidienkirche)와도 마주쳤다. 2차 세계대전 때 폭격으로 뚫린 천장과 벽을 타고 올라가는 녹색 넝쿨은 컬러링북에 나올만한 광경이다.

신 시청사라 해서 번쩍번쩍 신식 건물일 거라 생각했다. 내 예상은 완전히 빗나갔다. 1913년에 건립된 것으로, 중앙에 100m에 달하는 둥근 돔이 있는 바로크 양식의 궁전풍이다. 정면에 펼쳐져 있는 마쉬 공원과 호수까지 합세해, 아름다운 그림을 완성하고 있다. 호수에 비친 웅장하고, 우아한 신 시청사는 한동안 내 발걸음을 붙잡았다.

겨우 발걸음을 옮겨 하노버 왕가의 궁 뒤쪽에 있는 헤렌호이저 왕궁 정원으로 갔다. 독일에서 유일한 바로크 형식의 정원으로, 세계 최대 규모를 자랑한다. 1666년부터 50여 년에 걸쳐 조성된 것이다. 현재 독일의 베르사유 궁원의 모습은 영국 왕 조지 1세의 생모, 소피 왕후의 설계에 따른 것이다. 연못과 가로수가 절묘하게 배치된 게오르겐 가르텐(Georgen Garten), 2,500여 종의 작품이 있는 베르크 가르텐(Berg Garten), 대학 북쪽의 벨펜 가르텐(Welfen Garten), 평면에 기하학식 대칭을 이루는 정원 그로센 가르텐(Groβer Garten) 등 4개의 정원으로 이루어져 있다. 너무나도 광활해서 그로센 가르텐 위주로 보기로 했다. 그런데 헤렌호이저 왕궁 정원 입구에서 먼저 아름다운 린덴 나무 가로수길 게오르겐 가르텐과 잠시 만날 수 있었다. 빨강 머리 앤이 초록지붕을 향해 마차를 타고 달리던 그 가로수 길이 연상된다. 그로센 가르텐은 26m 폭의 운하가 동서남쪽으로 둘러싸고 있다. 입구엔 평면 기하학식 프랑스 정원 그로센 가르텐을 한눈에 내려다볼 수 있는 벽천이 있다. 중앙에는 80m 이상 올릴 수 있는 대분수가 있고, 야외극장까지 있다. 구석구석 아

기자기한 소정원과 그리스 로마신화 신들의 대리석 조각상에도 눈길이 간다. 높은 수벽으로 둘러싸인 미로원에선 쉰부룬 궁전(Schloss Schonbrunn 오스트리아 빈) 미로원도 함께 떠오른다.

빨강 머리 앤처럼 활기차게 네모반듯한 정원을 여기저기 구경하고, 쾰른으로 이동했다. 조금 센 바람과 함께 미스트를 뿌리듯 이슬비가 내린다. 센티멘털해진 나는 우산이 있음에도, 한참 동안 비를 맞았다. 그리고 부드러운 슈바인스학세(Schweinshaxe)로 독일에서의 저녁을 즐겼다. 맥주가 아닌 콜라를 곁들인 것이 조금은 아쉽긴 했지만 말이다.

라인강[Rhein R.], 모젤강[Moselle R.]

에어컨 탓인지 코도 아리고, 머리도 어지럽고, 목까지 까끌까끌 거린다. 좋지 못한 컨디션이지만, 여행은 멈출 수 없다. 약 한 알 입에 물고, 찌뿌둥한 몸을 버스에 실었다. 오늘은 라인강과 모젤강을 따라 탐방할 예정이다.

강은 인류 생명의 젖줄이며, 인류 문명의 발생지다. 예부터 인류는 강을 중심으로 삶의 터전을 닦고 살아가고 있다. 이렇듯 강과 인간의 삶은 떼려야 뗄 수 없는 존재이다. 유럽에서 가장 긴 강, 라인강은 독일에서는 '아버지의 강'이라 불리며, 라인강의 기적도 일으켰다. 독일은 라인강을 떼고 설명할 수 없다.

라인 강변에 우뚝 솟은 쾰른 대성당(Cologne Cathedral)은 632년간의 건축 기간에도 불구하고, 고딕 건축의 특징이 고스란히 남아있다. 흙 놀이를 한 아이의 옷처럼 얼룩덜룩한 외벽에서 전쟁의 폐해가 느껴진다. 금빛 동방박사 유골함과 햇살이 비친 스테인드글라스는 내 마음속 성심을 불러일으켰다. 쾰른 대성당 팸플릿까지 구입했다. 고이 간직할 요량으로……

프랑스 로렌 공업지대와 독일 라인 지방을 잇는 중요한 수로인 모젤강과 라인강은 코블렌츠 도이체스 에크(Deutsches Eck)에서 만난다. 거기엔 독일을 통일한 빌헬름 1세의 기마동상이 근엄한 모습을 하고 있다. 맞은편 고지대엔 성벽처럼 에렌브라이트슈타인(Ehrenbreitstein) 요새가 있다. 요새를 오가는 케이블카도 걸쳐 있다.

내가 알던 것보다 더 두껍고, 딸기잼도 없는 짭짤한 슈니첼(Schnitze)로 허기를 채웠다. 그리고 라인강과는 이별을 하고, 모젤 강변 마을 코헴(Cochem)으로 갔다. 모젤강을 사이에 두고 옹기종기 예쁜 코헴 마을이 있다. 강변 산비탈에는 리슬링(Riesling) 포도밭이 광활하게 펼쳐져 있다. 산 정상엔 포도밭으로 둘러싸인 고혹적인 중세 시대 코헴성이 모젤강을 내려다보고 있다.

룩셈부르크 수도 룩셈부르크 [Luxembourg]

벨기에, 네덜란드, 룩셈부르크의 3국은 인접국으로, 1948년 관세 동맹을 맺었다. 이를 '베네룩스 관세동맹'이라고 한다. 이후 '벨기에, 네덜란드, 룩셈부르크'이라 불리게 된다. 벨기에, 네덜란드, 룩셈부르크은 1960년대부터는 경제 전반에 협력을 꾀하는 경제 동맹을 맺는다. 이번 여행의 대미를 장식할 나라가 바로 벨기에, 네덜란드, 룩셈부르크이다. 먼저 룩셈부르크로 갔다.

룩셈부르크는 제주도의 1.4배 밖에 되지 않지만, 1인당 국

내총생산(GDP) 세계 1위의 부국이다. 우리는 볼거리가 많은 수도 룩셈부르크에 들렀다. 수도 룩셈부르크는 모젤강의 지류 알제트강과 페트루세강이 만나는 지점에 위치한다. 그리고 해발고도 300m 절벽에 위치한 곳으로 천연 요새지다. 구석구석 포대 구명도 보인다. 우리처럼 강대국 사이에 낀 지정학적 특성으로 인해, 많은 전쟁을 겪었음을 여실히 보여주고 있다.

1889~1903년에 페트루세(Petrusse) 계곡에 건립한 아치교 아돌프 다리(Pont Adolphe)는 계곡의 수풀과 함께 한 폭의 그림이다. 또한 페트루세 계곡엔 전쟁에서 죽은 이들을 기리는 황금의 여신상(Monument du Souvenir)이 서 있는 헌법 광장도 있다. 그곳엔 룩셈부르크 역사상 최초이자, 유일하게 한국전쟁 당시 전투부대를 파병해 희생된 분도 있었다. 사뭇 놀랍다. 작고 먼 나라에서 힘을 보태주신 것에 대한 감사한 마음에 저절로 고개가 숙여진다.

유럽에서 왕이 아닌 대공작(왕보다는 낮지만 공작보다는 높은 위치의 군주)이 수장인 입헌군주국은 룩셈부르크가 유일하다. 1418년 세워질 당시에는 시청사였다가, 1841년부터 대공작의 궁전으로 쓰이고 있는 그랜드 두칼 궁전(Grand Ducal Palace)으로 갔다. 16세기에 유행한 화려한 스페인 르네상스 양식이지만, 규모 면에서는 궁전의 면모를 찾을 수 없다. 철문 위엔 대공 가문의 금빛 찬란한 문장이 있다. 국기에 사용하는 빨강, 파랑, 흰색과 함께 왕관을 쓴 빨간 사자가 새겨져 있다. 앞발을 들고 있는 빨간 사자는 꽤나 용맹스러워 보인다.

벨기에 수도 브뤼셀[Brusse], 네덜란드 헤이그[Hague]

여행도 막바지를 향하고 있다. 나의 피로도는 점점 쌓여가고 있다. 벨기에로 가는 버스 속에서 병든 닭처럼 졸다가 창문에 쿵!! 달콤한 초콜릿이 필요하다. 초콜릿 왕국 벨기에에 도착하기만 하면 왕창 구입하겠다는 의욕까지 불태운다. 벨기에 초콜릿의 시작은 18세기 식민지 콩고에서 시작됐다고 한다. 콩고 노동자의 참혹함이 미루어 짐작된다. 초콜릿의 달콤함 뒤에 쌉싸름한 맛이 숨겨져 있었던 것도 그 때문일까?

수도 브뤼셀의 상징 그랑 플라스(Grand Place)의 탁 트인 풍경은 여유로움까지 묻어난다. 광장 중앙엔 96m 고딕 양식의 높은 첨탑이 인상적인 시청사가 있다. 15세기 건축물로 브뤼셀의 수호성인 미카엘의 금빛 조각상이 햇살에 걸려 반짝거린다. 맞은편엔 훗날 스페인의 왕이 된 브라반트 공작의 사무실인 '왕의 집'이 있다. 시청사를 등지고 왼쪽에는 17세기 고풍스런 길드 하우스들이 줄지어 있다.

또 다른 브뤼셀의 명물 오줌싸개 소년(Statue of the Pissing Boy)을 만나러 갔다. 1619년 조각가 제롬 뒤케누아가 제작한 것으로 60cm 남짓한 크기다. "에게게…"라는 말이 툭 튀어나온다. 급실망.

근처 어마어마한 초콜릿 가게들이 모여 있는 갈르리 생 튀베르(Galerie St. Hubert) 쇼핑센터가 실망감을 잊게 해준다. 먹음직스러운 달콤한 맛 앞에선 아까 느꼈던 노동자에 대한 안타까움은 순식간에 사라졌다. 어느 순간 내 손에 잔뜩 쇼핑 가방이 들려있다.

버스를 탄 채 오늘 하루 만에 두 차례나 벨기에에 이어 네덜란드까지 국경을 넘는다. 외교부의 안내 문자 알림이 연신 울린다. 이번 유럽 여행의 종착점 네덜란드에서의 첫 방문지는 풍차나 튤립을 보러 가는 것이 아니라, 헤이그다. 시험에 나온다고 달달 외웠던 '헤이그 밀사 사건' 바로 그 현장으로 왔다. 고종은 1907년 이준·이상설·이위종을 헤이그에서 개최된 제2회 만국평화회의에 특사로 파견했다. 강제 체결된 을사조약의 불법성을 폭로하고, 한국의 주권 회복을 열강에게 호소하기 위해서였다. 그러나 일본의 방해로 회의에도 참석

하지 못하고, 계획은 수포로 돌아갔다. 이에 울분을 참지 못하던, 이준 열사는 결국 헤이그에서 순국하고 말았다. 이준 열사 기념관에선 송창주 관장님의 더 상세한 설명과 자료 등을 볼 수 있었다. 회의에 참석하려고 사방팔방 애쓰시는 이준 열사의 모습을 떠올려본다. 답답함이 밀려온다. 나라를 위해 목숨 바친 분들이 있었기에, 지금 우리가 있다는 생각이 든다. 그토록 아끼고 사랑한 대한민국의 발전을 위해 나도 조금의 힘을 보태야겠다는 결심의 싹이 돋아난다.

암스테르담에는 나라가 아닌 아들을 너무나 사랑한 부모님이 조성한 모형 마을 마두로담(Madurodam)이 있다. 나치에 대항해 싸우다 죽은 아들에게 주는 미니어처 공원은 완전히 디테일이 살아있다. 운하, 항구, 놀이동산, 미술관, 중앙역 등 1/25 축소된 세상이 그곳에 있다. 참, 스히폴 공항도 그대로 옮겨놓은 듯하다. 여러 항공기 중에 파란 대한항공기가 눈에 띈다. 부모님의 끝없는 사랑을 다시금 느낄 수 있는 좋은 시간이었다.

네덜란드 수도 암스테르담[Amsterdam]

순식간에 시간이 지난 것 같다. 여행의 마지막 날은 아쉬움이 역력하다. 오늘은 암스테르담을 하나도 놓치지 않고 눈에 다 담을 것이다.

네덜란드의 수도 암스테르담은 운하의 도시다. 70여 개의 섬이 500여 개의 다리로 연결돼 있다. 또한 유럽 대륙 교통망의 요지로 다양한 국적의 사람들이 생활하고 있다. 네덜란드까지 와서 풍차를 보고 가지 않을 순 없다. 암스테르담 근처 풍차마을 잔세스칸스(Zaanse Schans)로 갔다. 암스테르담 도심과는 상반되는 풍경이다. 강변에 커다란 회전 날개가 빙글빙글 도는 풍차와 18세기 목조 가옥들이 그림같이 펼쳐져 있다. 예전엔 풍차를 이용해 곡식도 빻고, 나무도 자르기도 했다고 한다. 우리의 디딜방아가 떠오른다. 특히 양다리 방아는 한국 고유의 발명품으로, 세계 어느 지역에서도 볼 수 없다고 한다. 옛것을 보존 계승하는 것에 대한 조상의 선물

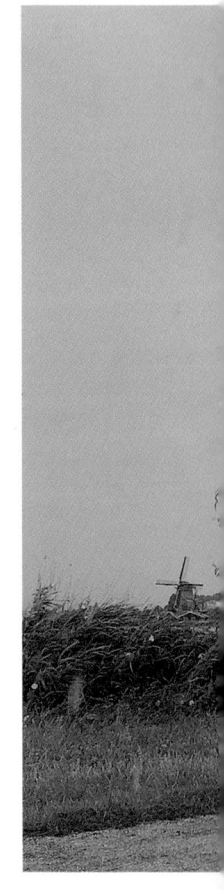

이 아닐까?

커다란 노란 나막신, 작은 나막신으로 입구를 장식해둔 나막신 공장이 눈에 띈다. 각각 용도가 다른 알록달록 예쁜 나막신이 가득하다. 모두 수작업을 하던 걸 지금은 기계로 만들고 있다. 나막신이 달려 있는 열쇠고리, 풍차가 있는 작은 스노우볼, 네덜란드에 오면 꼭 사야 한다는 스트룹와플(Syrup waffle)까지 기념으로 구입했다.

방대한 컬렉션을 자랑하는 암스테르담 국립 미술관(Rijksmuseum)이 우리 여정의 끝이다. 지하 1층, 지상 3층의 미술관에는 80개가 넘는 전시실로 가득 차 있다. 2층부터 차례로 관람을 했다. 쾰른 대성당에 갔을 때 제단화를 멀리서 봐서 아쉬웠는데, 이곳에선 가까이서 볼 수 있었다. 복원 과정을 거친 제단화의 색감이 아주 좋다. 풍경화에는 유럽 여행을 하면서 본 맑은 하늘이 그대로 그려져 있다. 그리고 높은 천장 아래 화려한 스테인드글라스가 시선을 사로잡는다. 무엇보다도 네덜란드가 낳은 거장 고흐(Vincent van Gogh), 렘브란트(Rembrandt Harmenszoon van Rijn), 페르메이르(Johannes Jan Vermeer)의 주요 작품들이 전시되고 있다.

고흐의 〈자화상〉, 렘브란트의 〈야경(The Night Watch)〉, 페르메이르의 〈우유를 따르는 하녀(The Milkmaid)〉 등. 특히, 페르메이르의 작품은 옐로 블루의 색상 조합이 참 예쁘다. 그리고 일상의 모습 속에서 어떤 이야기를 하는 듯하다. 궁금증에 한참을 보게 된다.

공항 검색대를 통과하고, 게이트로 들어와 창밖을 봤다. 유럽에 첫발을 내디딘 날은 일출로 온통 하늘이 불그스름했다. 그런데 지금은 노을로 온통 하늘이 붉은빛이다. 나의 즐거운 유럽여행도 끝을 맺는다.

여행을 마치며

여행 가기 전 나의 걱정들은 한갓 기우에 지나지 않았다. 처음 만난 친구, 오빠들의 상냥함으로 금방 친해졌다. 밤늦도록 얘기꽃을 피우느라 늦잠을 자는 날도 많았다. 처음 만난 사람들과도 잘 어울려 여행도 아무 탈 없이 잘 마쳤다. 오히려 지금은 친구랑 오빠들이 그립다.

이번 유럽 여행에서 보고 듣고 느낀 모든 것을 책으로 펴내는 것에도 부담감이 상당했다. 하지만, 지금 이렇게 멋지게 내 생각과 느낌을 글로 담아내고 있지 않은가? 낮엔 설명도 듣고, 본 것 느낀 것을 꼼꼼하게 기록도 하고, 밤늦게까지 정리도 했다. 이제껏 즐겁게 하루를 꽉 채운 날은 별로 없었던 것 같다. 여행을 하는 동안은 내내 즐거움과 보람으로 꽉 찬 날이었다. 정열적으로 뭔가 해냈다는 성취감도 덤으로 얻게 됐다. 그렇게 또 나는 한 단계 성숙해진다.

이번 여행에서는 고풍스럽고 아름다운 건축물과의 만남도 많았다. 그러나 한편으로는 세계대전의 폐해가 유럽 전반에 고스란히 남아있음을 알았다. 온 세계의 노력으로 평화가 전 세계로 퍼져나가길 바란다. 그리고 무엇보다도 우리나라를 지켜주신 분들에 대한 감사함이 뼈저리게 느껴졌다.

끝으로, 내 인생에 있어 소중한 시간을 선물로 주신 부모님께는 무한한 애정과 감사의 인사를 전하고 싶다. 그리고 김경숙 선생님의 가르침과 보살핌에도 감사를 드리고 싶다. 모두 모두 감사합니다.*^^*

저를 사랑하는 모든 분들의 기대에 부흥할 수 있도록 뚜벅뚜벅 한 걸음 한 걸음 걸어가는 재희가 될게요. 기대해 주세요~~!!

아 마 스 빈 · 유 럽

일상에 지친 나에게
쉼표를 선물해 준 여행

김준우

폴란드, 독일, 벨기에, 네덜란드, 룩셈부르크

일상에 지친 나에게
쉼표를 선물해 준 여행

김준우

지난 2년 동안 고입을 준비하느라 책상 앞을 벗어나지 못했다. 변변하게 머리를 식힐 여유도 가지지 못했다. '열심히 일한 당신, 떠나라'라는 H 카드 회사의 유명한 광고 카피처럼 나도 2년간의 고생을 보상이라도 받아야 할 것 같은 마음으로 여행을 떠나게 됐다. 행선지는 바로 폴란드, 독일, 벨기에, 네덜란드, 룩셈부르크이다. 필리핀, 이탈리아, 미국에 이어 나의 네 번째 해외여행이다.

열흘 남짓 한국을 떠나 해외로 나간다는 설렘과 기대감에 부풀어 출국 며칠 전부터 잠을 설쳤다. '유럽의 아름다운 건축물, 자연환경을 통해 공부에 지친 몸과 마음의 피로를 말끔히 씻어내야지.' 이번 여행은 나름 명분도 확실하다.

여기에 중학교 때부터 굳힌 나의 꿈, 로봇공학자. 그 분야에서 걸출한 과학자를 배출한 폴란드는 나의 구미를 당겼다. '지구가 태양의 주위를 돌고 있다'는 지동설을 주창한 코페르니쿠스! '최초의 방사성 원소 폴로늄과 라듐'을 발견한 마리 퀴리! '녹턴, 즉흥 환상곡' 등 200여 편의 피아노곡을 작곡한 쇼팽! 그들이 나고 자란 곳이 바로 폴란드이기 때문이다.

전 세계 유일한 분단국가에서 사는 나로선, 1949년 동독과 서독으로 분단되었다가 1990년 통일을 이룬 독일 또한 흥미를 끈다. 개인적으로 나는 우리의 통일을 간절히 염원한다. 통일 선배의 나라 독일을 직접 가서 보고, 우리의 통일 가능성에 대해서 현지 사람들과 이야기도 나눠보고 싶다.

이런저런 여행의 기대감과 추억은 다녀온 후엔 여지없이 아쉬움을 남긴다. 하지만, 이번 여행은 그런 아쉬움은 좀 덜 할 듯하다. 이제껏 여행하는 순간의 감동은 고작 몇 장의 사진과 희미한 나의 기억에 의존할 수밖에 없었다. 그러나 이번엔 여행을 하며 보고 느끼는 것에 그치지 않고, 사진과 함께 글로 정리해서 책까지 낼 작정이다. 조금은 더 성가시고 힘들진 모르겠다. 그래도 새로운 시도를 해보는 것조차도 나에겐 큰 성장으로 보답해 줄 것이다.

기대감과 설렘 만발! 유럽으로 고고씽!

폴란드[Poland]에 도착하다.

새벽 1시경에 인천공항을 떠나 장장 12시간 가까운 비행시간이 나를 기다리고 있었다. 싱겁기도 하고 양도 적은 기내식과 불편한 쪽잠으로 긴 비행시간을 겨우 버틸 수 있었다. 경유지인 암스테르담 국제공항에서는 서너 시간 머물렀다. 준비해온 유로화로 초콜릿도 샀다. 거스름돈을 받았을 땐 옛 추억이 불쑥 떠오른다. 몇 해 전 이탈리아 여행 때 각 종류별 동전을 열성적으로 모았던 기억!

암스테르담에서 2시간을 비행한 후 드디어 우리의 첫 목적지 폴란드 도착! 폴란드 크라쿠프 공항에 도착하니 낮 11시경. 우선 긴 비행시간의 여독을 폴란드 전통 감자전 '플라츠키'로 풀고, 폴란드의 전통 색채를 보러 갔다.

1,000년 전부터 이 땅에 정착한 폴라니에(Polanie) 족의 이름에서 유래된 폴란드는 유럽 중부 발트해에 면해 있다. 독일, 체코, 슬로바키아, 우크라이나, 벨라루스, 리투아니아, 러시아와 국경이 맞닿아 있다. 그래서 유럽여행의 출발점이 되기도 하고, 종착점이 되기도 한다. 우리의 여행에선 출발점이다.

폴란드는 서유럽의 해양성 기후와 동유럽 대륙성 기후의 점이지대로 넓은 평야와 호수가 산재해 있다. 한땐 유럽의 곡창지대로 이름을 날렸다. 하지만, 동북아의 전략적 요충지인 우리나라처럼 지정학적인 위치로 인해 평탄치 않은 역사가 이어졌다. 폴란드는 환희, 독립을 의미하는 하양과 빨강의 국기에서 보듯 여러 나라로부터 끊임없는 침입을 받았다. 100년 넘게 프로이센, 러시아, 오스트리아의 지배를 받다가 1818년에 드디어 독립하여 공화국이 되었다. 그러나 그것도 잠시 1939년 제2차 세계대전 당시에는 소련과 독일에 의해 동서로 분할 점령당했다. 해방된 후 1947년에는 공산정부가 수립되었다. 그 후 1980년대엔 민주 정권이 들어서 지금에 이르고 있다.

크라쿠프 중앙광장[Rynek Growny]

1596년 바르샤바로 수도를 이전하기 전까지 실제 폴란드의 수도였던 크라쿠프 근교 비엘리치카 소금광산(Wieliczka Salt Mines)이 우리의 첫 탐방지였다. 소금광산이라 해서 그저 소금이나 캐는 평범한 광산이라 생각했다. 하지만, 이내 내 생각의 편협함이 드러났다. 거대한 규모에 한 번 놀라고, 광부들의 소금 조각 작품과 예배당에 두 번 놀랐다. 연필심에다 조각해본 적이 있는 나의 경험으로 비춰보면 더욱 경이롭다. 특히 코페르니쿠스가 둥근 지구본을 들고 있는 조각상과 다이아몬드보다 더 빛나는 샹들리에 조각은 가히 인상적이었다. 또, 광산 내에서 모터를 돌렸던 유독 작은 몸집의 말에는 연민이 느껴졌다.

소금광산을 나와 조금 걸으니 크라쿠프의 중심부인 크라쿠프 중앙광장과 맞닥뜨렸다. 유럽에서 이탈리아 산 마르코 광장에 이어 두 번째로 큰 광장이다. 동유럽에선 최대의 중세 광장이다. 보통 도시의 발전 정도는 광장의 크기, 건축물의 높이 등으로 추정해 볼 수 있다. 과연 500여 년간 폴란드 문화의 중심지였던 크라쿠프의 발전 정도를 짐작할 수 있다. 총면적 4만㎡인 곳곳에 화려했던 과거의 흔적과 숨결이 서려 있다. 크라쿠프 중앙광장은 1241년 몽골의 침략으로 도시가 파괴된 후, 1257년에 재건되었다. 1231년부터 30년간 고려를 6차례나 침략한 몽골제국의 위력을 동유럽에서 느껴지는 순간이다.

이후 세계대전을 겪었음에도 당시 시장이었던 스타니스와프 클리메츠키(Stanisław Klimecki)의 노력과 희생으로 크라쿠프 중앙광장의 건물들은 재건 이전 당시 모습을 고스란히 담고 있었다. 중세 시대 유럽 경제활동의 중심지의 면모들이 곳곳에 보인다. 광장 중앙에 있는 수키엔니체(Sukiennice)라고 하는 직물 회관(Colth Hall) 건물이 먼저 눈에 들어온다. 100m 높이에 르네상스 양식의 밝은 갈색 건물이다. 14

세기에 지어졌다가 1555년 재건된 세계에서 가장 오래된 쇼핑센터다. 현재 1층은 기념품점으로, 2층은 국립 미술관으로 이용되고 있다.

직물 회관 옆 구 시청사 건물은 1820년 무너지고, 홀로 남은 시계탑 라투슈초바 탑(Wieża ratuszowa)! 70m 높이의 탑으로 지금은 전망대로, 지하 감옥은 와인바, 카페로 변신했다고 한다. 옛 감옥에서 마시는 와인 맛은 어떨까? 잘은 몰라도 조금은 섬뜩함과 짜릿함이 느껴질 듯……

폴란드는 국민의 97% 이상이 슬라브족이고, 95%가 가톨릭 신자라고 한다. 1978년엔 455년 만에 이탈리아권 출신이 아닌 폴란드 출신 교황인 요한 바오로 2세를 배출하기도 했다. 교황 요한 바오로 2세는 특히 역대 교황 중 처음으로 1984년 우리나라를 방문하기도 했다. 이런 연유로 크라쿠프 중앙 광장 주변에도 성당이 몇 개 보인다. 시계탑에서 오른쪽으로 조금 발걸음을 옮긴다. 구시가지에서 가장 오래된 건물 중 하나가 보인다. 돔 형식의 성 보치에하 성당이다. 그 명성과는 달리 아주 작은 성당이다.

반면, 웅장한 모습의 크라쿠프의 랜드마크 성 마리아 성당(Bazyl-ika Mariacka; St.Mary's Church)도 보인다. 1220년 지어진 르네상스 양식의 성당이다. 81m의 감시탑과 5개의 종을 매단 69m의 종탑의 모습이 눈에 띈다. 첨탑 높이가 일률적인 유럽의 다른 성당과 다르다. 이런 모습은 탑을 각각 쌓았던 형제의 비극 얘기 등 여러 속설을 생산했다. 또한 유럽 성당의 전통적인 타종 방식도 따르지 않고 있다. 매시간마다 나팔수가 직접 트럼펫을 불며 시각을 알려준다. 중간에서 반드시 끊기는 나팔소리 헤이나우(hejnał)를 들을 수 있다. 13세기 몽골인의 침입을 알리기 위해 나팔을 불다 화살을 맞고 쓰러진 나팔수를 기념하는 의식이라고 한다. 수 세기가 지났음에도 희생된 사람들을 잊지 않겠다는 폴란드인들의 뜻이 엿보인다. 안타깝게도 우린 그 소릴 듣지 못하고 내부로 들어갔다. 푸르고 높은 천장, 천장까지 이어지는 창문의 화려한 스테인드글라스에 눈이 휘둥그레진다. 이내 국보인 폴란드 최고 예술품으로 칭송받는 제단이 나를 압도한다. 천재 조각가 비트 스트보슈(Wit Stowosz)가 무려 12년의 세월 동안 만든 것으로, 승천 제단이다. 높이 13m, 폭

11m로 유럽에서 가장 큰 목조 제단이다. 기독교를 믿지 않는 나에게도 성스러움이 한가득 내려앉는 기분이다.

조금은 차분한 마음을 간직한 채 성당을 나와 광장 벤치에 앉았다. 여유로움과 자유로움이 가득한 광장에서 유독 천연색의 헤어스타일이 이목을 끌었다. 학생 신분인 나에겐 빨주노초파남보 무지개 빛깔로 염색한 사람들이 신선한 충격을 안겨줬다. 나도 모르게 염색한 애 = 문제아라는 아주 편협된 시각으로 사람을 평가하고 있음을 깨달았다. 넓은 세상을 경험하다 보면 내 사고의 지평도 크고 넓어지리라. '우물 안의 개구리'가 되지는 않겠지! 이 점이 바로 여행을 하는 이유와 목적이 아닐까. 아직은 강한 올리브 향이 거슬린다. 내 입맛도 차츰차츰 세계화 되리라 믿고 폴란드에서 첫날을 닫는다.

아우슈비츠 수용소
[Auschwitz Concentration Camp]

둘째 날은 크라쿠프 서쪽에 있는 오시비엥침(Oswiecim)으로 향했다. 폴란드는 남부의 산악지대를 제외하고는 90%에 가까운 국토가 해발 300m 이하의 평탄하고 완만한 지형이다. 평원지대에 속한 오시비엥침으로 가는 내내 끝없는 들판이 가슴을 뻥 뚫리게 만든다. 군데군데 빨갛고 노란 집들은 내 희망사항 목록에 추가하기에 충분했다.

하지만, 이렇게 아름다운 평원은 1939년 9월 1일 독일의 침략으로 핏빛으로 물들었다. 제2차 세계 대전으로 인해 유대인을 포함한 폴란드 국민 600만 명이 사망했다. 이런 아픔을 고스란히 품고 있는 곳이 아우슈비츠(폴란드어: 오시비엥침) 수용소이다. 불과 몇 km 이내에 제1수용소, 제2수용소(비르케나우)가 있고, 두 수용소 중간에 군수물품을 만들던 공장들이 위치하고 있다. 나치의 잔혹함에 희생된 사람을 잊지 않기 위해 유네스코는 1979년 이곳을 세계문화유산으로 지정했다.

인종차별과 반유대주의 사상에 뿌리를 둔 나치는 유대인을 멸종시키는 게 정책적 목표였다. 나치 독일은 6개의 강제 수용소를 설치해 단지 유대인이라는 이유 하나만으로 대량 학살을 자행했다. 그중 나치 독일의 반인륜적인 행위와 인간의 야만성이 여실히 드러난 곳이 바로 아우슈비츠 수용소이다. 나치는 원래 폴란드군의 벽돌 막사인 곳에 최대 규모의 강제 수용소를 만들었다. 넓은 평야에 28개 동의 건물들이 산재해 있다. 지금은 박물관과 전시관으로 이용되고 있다. 우리의 무거운 발걸음은 수용소 정문 'ARBEIT MACHT FREI(노동이 너희를 자유롭게 하리라)'하는 푯말에서 멈췄다.
영화 쉰들러리스트(Schindler's List, 1993)에 묘사된 것처럼 12시간 이상의 노동과 감금, 굶주림, 생체실험, 가스실, 생매장, 화장 등으로 유태인 대학살(The Holocaust)을 감행한 나치의 실상을 고스란히 보여주고 있었다. 오케스트라 연주를 감상하고 있는 수감자들의 사진 앞에서도 발걸음이 멈춘다. 수감자들의 힘든 삶을 위장하기 위한 교묘한 수단이었다. 나치의 교활함에 다시 한 번 더 치가 떨렸다. 전시관엔 희생자들의 신발, 안경, 빗, 의복 등이 산더미처럼 쌓여 있다. 말문이 막혔다. 심지어 희생자들의 머리카락으로 침대나

패딩, 넥타이, 카펫 등을 만들었다는 설명을 들었을 땐 충격을 금할 길 없었다. 대량 학살했던 가스실에도 들어가 보았다. 약 20분 동안 죽어가는 자신을 느꼈을 희생자를 떠올려본다. 공포와 두려움, 좌절감이 느껴지는 듯하다. 인간의 잔혹함의 끝이 어디까지일까? 하는 의문들이 꼬리를 물고 뇌리를 스친다.

또 다른 전시관에는 '역사를 잊은 민족에게는 똑같은 일이 반복된다.'라는 문구가 새겨져 있다. '역사를 잊은 민족에게 미래는 없다.'라는 단재 신채호 선생님의 말씀도 연이어 떠오른다. 2차 대전 침략국으로 인해 참혹한 역사를 겪은 폴란드와 우리는 비

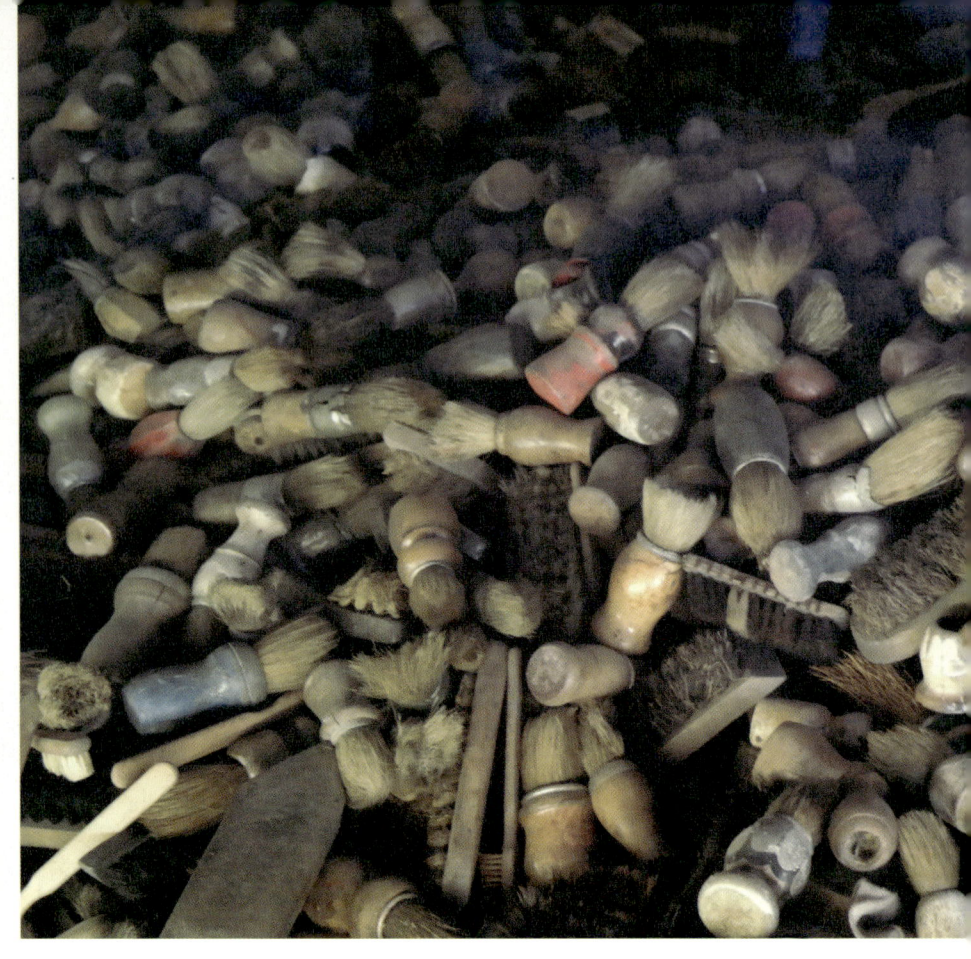

숱한 아픔을 공유하고 있다. 지난 역사라고 묻혀선 안된다. 고통스럽지만 냉철한 시각으로 역사를 봐야 한다. 다시는 되풀이되지 않도록 잊지 말아야 한다. 아우슈비츠 수용소는 나에게 역사관뿐만 아니라 인간의 존엄성에 대해 다시금 환기시킨다.

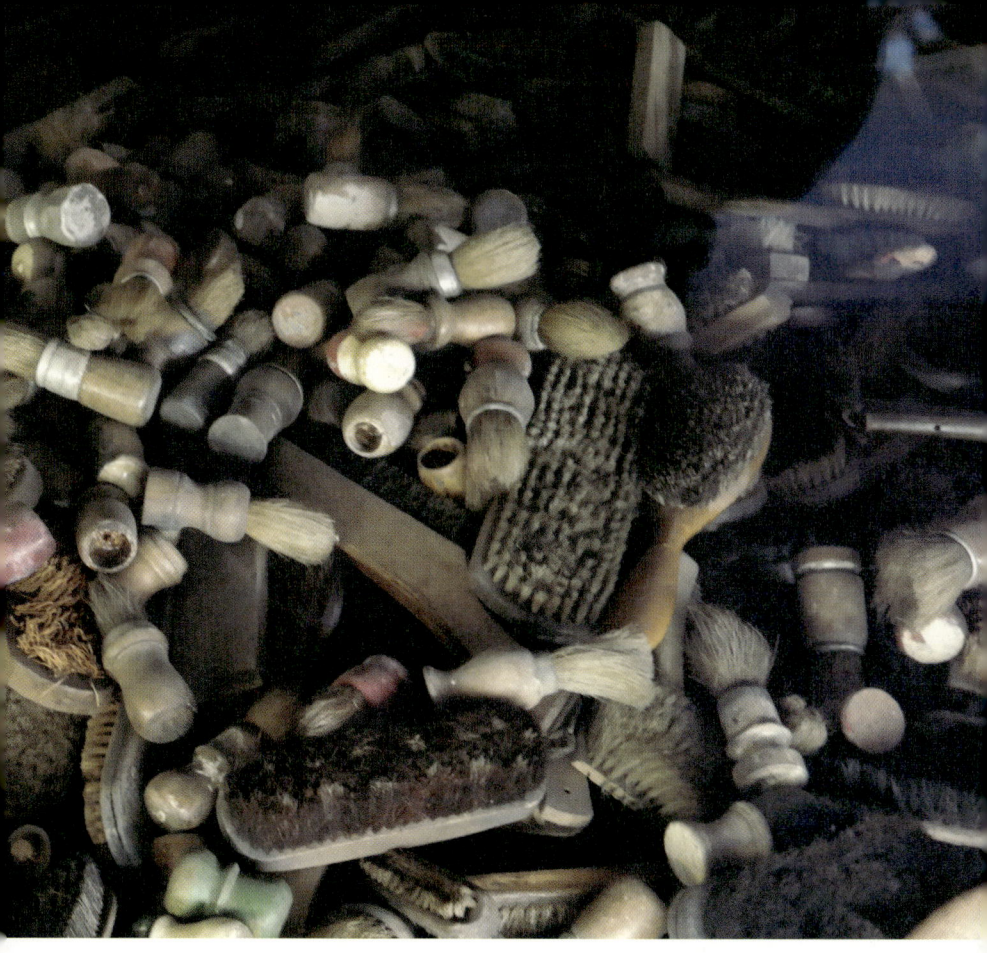

많은 생각 덕분인지, 지금의 행복한 삶에 대한 고마움인지 점심은 꿀맛이었다. 그리스식 샐러드, 닭고기 수프, 돈가스와 포테이토가 입에 착 달라붙었다. 여행 온 후 처음이다. 내일 독일로 가기 위해 폴란드 접경 지역 브로츠와프(Wrocław)로 이동했다. 브로츠와프는 세계 2차 대전 때까진 베를린 동쪽에서 가장 큰 독일 도시였다. 현재는 폴란드 수도 바르샤바 다음으로 부유한 도시다. 특히나 이곳엔 유럽 최대 생산력을 갖춘 우리 기업체 LG화학의 전기차 배터리 공장도 있어 왠지 친밀감도 든다. 뭐니 뭐니 해도 브로츠와프 명물은

300여 개 난쟁이 조각상이다. 아쉽게도 보지 못했다. 반가운 쌀밥이 곁들어진 현지식으로 맛으로만 브로츠와프를 느끼고 레그니차(Legnica) 숙소로 향했다.

Goodbye, Poland ! Hi, Germany !

이젠 제법 여행의 익숙함이 몸에 배기 시작했다. 막 폴란드의 공기도 편안해지기 시작했는데 아쉽게도 떠나야 한다. 아쉬움은 마음 한구석에 감춰두고, 간단히 속을 채웠다. 버스로 3시간 정도 달리면 독일로 입성이다. 폴란드를 벗어나는 길은 아름다움을 더욱 뽐냈다. 꿈속을 달리는 듯 고요하고 평화롭다. 도로 양옆으로 옥수수밭과 감자밭이 끝없이 펼쳐진다. 마치 도돌이표 영상이 이어지는 듯하다. '이 많은 옥수수와 감자를 어떻게 다 소비할까?', '식량난을 겪고 있는 아프리카에도 지원해도 좋을 것 같다', '옥수수를 이용한 바이오매스(Biomass)로 콘 에탄올(corn ethanol)도 얻을 수 있겠다.' 등등 광활한 옥수수밭과 감자밭만큼이나 내 생각도 독일이 가까워질수록 확장되고 있었다. 끝나지 않을 것 같은 옥수수밭, 감자밭 광경은 어느새 긴 침엽수림으로 바뀐다.

긴 나무속에 갇힌 채 또 40여 분을 달렸다. 점차 힘차게 흐르는 강이랑 쭉 뻗은 도로와 철도가 내 시야에 들어온다. 독일의 첫인상이다. 휴게소에선 알록달록 귀여운 곰돌이 젤리

'하리보'를 본고장에서 맛봤다. 한 번도 맛보지 못한 파랑, 핑크색 젤리도 입속으로 쏙~~! 기분 탓일까? 더 부드러운 식감과 더 달콤함이 내 입을 즐겁게 만든다. 수도 베를린에 도착한 우리는 정식으로 독일 음식문화 탐방을 시작했다. 폴란드에서의 아침보다 좀 더 싱거운 듯한 독일에서의 점심은 일단 내 입맛엔 합격점이다. "Guten Appetit(맛있게 드세요)"를 연신 외치며 즐거운 식사를 했다. 이웃나라임에도 자연환경, 음식의 차이를 확연히 느낄 수 있었다. 폴란드와 또 다른 색채를 지닌 독일에 기대감이 커진다.

체크포인트 찰리[Checkpoint Charlie]

독일 정식 명칭은 독일 연방 공화국(The Federal Republic of Germany)으로 연방 정부와 16개 주(州) 정부로 구성되어 있다. 현재 인구의 92%가 튜턴족인 게르만족으로 그 기원은 843년 동프랑크 왕국이다. 이후 962년에는 신성로마 제국으로 발전하였다. 1871년에는 프로이센에 의해 통일되어 게르만족 중심의 독일 제국이 완성되었다. 그 후 1차·2차 세계 대전의 패배로 1949년 동서로 분단되었다. 그러다가 1990년 10월에 독일 연방 공화국으로 통일된다.

동쪽으로는 폴란드 체코, 서쪽으로는 프랑스 벨기에 네덜란드 룩셈부르크, 남쪽으로는 오스트리아 스위스, 북쪽으로는 북해 덴마크 발트 해와 접하고 있다. 지리적으로나 경제적으로나 명실공히 유럽의 중심이라 할 수 있다. 특히 유럽연합(EU) 자동차 시장의 1/3분을 차지하고 있는 독일 자동차는 세계적으로도 그 명성을 자랑한다. 여기에 바흐, 베토벤 같은 대음악가와 인류의 문화자산인 대문학가 괴테를 배출한 나라다. 그리고 '라인 강의 기적'을 일궈낸 나라다.

'한강의 기적'을 일궈낸 우리나라와는 1960년대 간호사와 광부들의 서독 파견을 계기로 더욱 가까워졌다. 현재 유럽 내에서 가장 큰 한인 사회가 있는 곳이 바로 독일이다. 또한, 유일한 분단국가인 우리로선 1990년 서독으로 흡수 통일된 독일이 부러움의 대상이자, 통일의 지침서라 할 수 있다.

독일은 통일이라는 공통 과제를 완수했고, 우리는 앞으로 이 민족사적 과제를 달성해야 하는 입장이다. 그런 점에선 통일 역사의 현장이 더욱 우리의 이목을 끄는 것은 당연지사다. 맨 먼저 우린 '체크포인트 찰리'(1961~1990)로 갔다. 분단 중

임에도 동베를린과 서베를린을 드나들 수 있었던 유일한 관문이었다. 외국인이나 여행객들이 이곳을 통해 동독 서독을 왔다 갔다 한 곳이다. 하지만, 이곳도 1961년에는 미국과 소련의 탱크가 대치하며 제3차 세계대전 발발 위기까지 갔다고 한다. 미소 냉전시대를 고스란히 겪은 곳으로 독일 분단의 상징인 곳이다. 그래도 30년간 왕래의 창구가 열려있었으므로 통일의 불씨가 꺼지지 않았다. 안타깝게도 꽁꽁 닫힌 판문점의 문이 활짝 열어젖히길 바라는 마음이 간절해진다. 현재는 관광지로 변신한 체크포인트 찰리에는 당시 검문소를 재현해 놓았다. 바닥엔 'Berliner Mauer 1961-1989'가 선명하게 새겨져 있다. 그 옆엔 벽 박물관(Haus am Checkpoint Charlie)이 있다. 그리고 베를린 장벽 조각을 기념품으로 파는 가게들도 늘어서 있다. 우린 장병으로 코스프레한 아저씨들과도 사진을 찍었다. 아저씨의 밝고 힘찬 기운이 느껴지는 하이파이브도 하면서 말이다.

난 기념품도 잊지 않았다. BERLIN이 새겨진 핑크, 보라가 섞인 지갑을 샀다. 영롱한 빛깔이 마음에 든다. 베를린 장벽 조각으로 만든 책갈피도 샀다. 그 조각이 진짜 베를린 장벽의

일부였다는 사실이 신기했다. 그래도 솔직히 엄지손가락 손톱만한 크기의 조각이 7유로라니. 하지만 난 어디서 발동한 것인지 모르겠지만, 애국심으로 구입했다. 마치 베를린 장벽 조각이 우리 통일의 염원을 이뤄주는 부적 같았기 때문이다. 21세기가 가기 전에 휴전선 철조망이 사라지는 일이 일어나지 않을까? 만약 그렇다면 분명, 이 베를린 조각 책갈피 덕분일 것이다. ㅎㅎ

상수시 궁전[Sans-Souci Palace], 체칠리엔호프 궁전[Cecilienhof Palace]

어제 카이져 빌헬름 교회(Kaiser Wilhelm Memorial Church)를 탐방한 후 들린 한식당에서의 저녁 감동은 아침까지 잊히지 않는다. 소금, 후추, 올리브에서 느낄 수 없는 얼큰하고 매콤한 김치찌개와 제육볶음! 그로 인해 며칠 동안 잃어버린 내 미각과 생기까지 되찾았다. 그런데 나의 식욕은 아침까지 제동이 되지 않았다. 아침부터 안경에 김이 서려도 개의치 않고 오로지 라면 맛에 집중했다. 후루룩 신라면 한 그릇 뚝딱! 그것도 모자라 호텔 조식까지 클리어! ㅎㅎ

포만감 가득 버스에 싣고 40여 분을 달려 포츠담에 도착했다. 이곳엔 하벨(Havel) 강의 제방과 글레니케(Glienicke) 호숫가에 건축물 150동과 500ha 공원이 줄지어 있다. 베를린과 첼렌도르프 지역까지 이어진다. 1745년 프로이센 왕국의 프리드리히 2세가 여름 별궁 '상수시 궁전'을 짓기 시작했다. 그 이후 1917년 마지막으로 완성된 체칠리엔호프 궁전까지 172년 동안 세워진 건축물과 정원이 조화를 이루고 있다. 다양한 건축 양식 건물들이 즐비해 '건축 박물관'이라고도 불린다.

먼저 우리는 우아하고 섬세한 곡선미가 돋보이는 로코코 양식의 상수시 궁전으로 갔다. 프랑스어로 '근심이 없다(Sans, Souci)'라는 의미로 파리 베르사유 궁전을 모방했다고 한다. 진한 상아색의 궁전은 언덕 위에 자리 잡고 있다. 이 언덕 지형을 이용한 센스 있는 포도덩굴 테라스는 신의 한 수다. 상수시 궁전 하면 바로 포도덩굴 테라스가 떠오르니 말이다. 바로 앞 분수의 물줄기는 포도덩굴 테라스를 더욱 싱그럽게 한다. 옆쪽 멀리에 보이는 풍차는 포도덩굴과 합작해 한층 더 목가적이다. 여기에 화려한 궁전과의 조화는 어떠한가? 그야말로 이름대로 근심이 단숨에 달아나는 풍경이다.

"나는 철학자로서 인생을 살았으니 그렇게 죽고 싶다. 절대로 화려한 의식이나 치장을 하지 말고 나를 따르는 행렬 없이 조촐히 상수시 궁전 테라스 옆에 잠들고 싶다. 그리고 내 사랑하는 개 11마리가 죽거든 내 옆에 묻어 달라!"

하지만, 프리드리히 2세의 유언은 1991년 8월 17일, 그가 죽은 지 205년이 지나서야 비로소 실현된다. 프리드리히 2세의 무덤은 대왕이라는 이름과 어울리지 않게 작은 석판이 전부였다. 옆엔 크기가 조금 작은 11개의 돌덩어리 애견 무덤도 함께 있다. 특이하게도 프리드리히 2세의 소박한 무덤엔 몇 알의 감자가 놓여있다. 이는 독일에 감자를 보급한 업적을 기리기 위한 것이라 한다. 그 소박한 무덤이 여느 화려한 무덤보다 더 빛난다. 문득 조지 버나드 쇼(George Bernard Shaw 1925년 노벨문학상 수상)의 비석 명언도 떠오른다. 오역 논란도 있지만, "I knew if I stayed around long enough, something like this would happen."(우물쭈물하다가 내 이럴 줄 알았다.) 내 삶도 충실히 가꾸어 먼 훗날 내 업적의 산물이 여러 개 놓이면 폼 날 것 같은 상상을 해본다.

1945년 제2차 세계대전이 끝나고 포츠담 회담이 개최된 체칠리엔호프 궁전으로 갔다. 독일어로 '체칠리아가 살던 집'이란 의미로 빌헬름 황태자와 그의 부인인 체칠리아를 위해 지어진 궁전이다. 1918년 폐위된 빌헬름 황태자의 아내가 1945년까지 머물렀던 곳이다. 외관은 궁전이라 해서 상수시 궁전처럼 화려한 줄 알았다. 내 예상과는 많이 빗나가는 튜더 양식(Tudor style)의 2층 목조건물이다. 포츠담 회담 장소가

그대로 재현돼 있는 등 176개 방이 있다. 일제로부터 대한민국의 독립을 약속한 역사적인 장소에서 나는 '만약 지금의 역사와는 다른 방향으로 흘러갔다면 현재 우리나라는 과연 어떤 모습일까?' 역사는 그냥 지나간 과거가 아닌 미래를 결정짓는 방향등과 같은 역할을 하는 것 같다. 궁전 앞엔 구소련을 의미하는 별 모양의 정원에 빨간 베고니아가 심어져 있다.

비어 바이크[Beer-Bike]

여행은 식도락(食道樂)이라고 할 정도로 보는 것도 중요하지만, 먹는 것 또한 빠뜨릴 수 없는 즐거움이다. 여행의 기쁨을 두 배로 상승시키기도 하니 말이다. 독일에 왔다면 꼭 맛봐야 할 몇 가지가 있다. 바로 아이스바인(EisBein), 슈바인스학세(Schweinshaxe), 소시지, 프레첼(Pretzel), 맥주가 그것이다. 학생인 나는 이번 여행에선 맛보지 못할 맥주가 좀 아쉽긴 하다. 이런저런 생각으로 현지식으로 점심을 먹고 베를린 장벽에 조성된 미술 갤러리 '이스트 사이드 갤러리(East Side Gallery)'로 갔다.

각양각색의 벽화를 보며 걷던 중 순간 자전거를 타고 가는 사람들에게 내 시선을 빼앗겼다. 레일바이크만 알던 나에겐 신선한 충격의 광경이다. 비어 바이크다! 독일은 매년 대규모 맥주 축제(옥토버 페스트)가 열릴 정도로 맥주를 사랑한다고 알려져 있다. 그래도 도로 위를 달리는 펍(Pub)은 처음 봤다. 자전거용 페달이 달린 의자에 앉아 페달을 밟으며, 맥주를 마시며, 도심투어를 즐긴다. 캐나다는 페달 펍

(Pedal Pub)으로 체코는 오로슈랩(Ološlap)으로 불리기도 하는 관광명물이다. 몇 년 전 독일에서는 교통정체, 난잡한 음주문화를 이유로 금지하려는 시도도 있었다. 하지만, 아직도 독일, 유럽 등 여러 나라에서 여전히 인기를 끌고 있는 관광 상품이다. 다음엔 비어 바이크를 타고 시원한 맥주를 들이켜며 독일을 누비고 싶다. 여기에 짭조름한 프레첼, 겉은 바삭! 속은 부드러운 슈바인스학세를 안주 삼으면 금상첨화일 것이다.

베를린 박물관 섬
[Museumsinsel(Museum Island), Berlin]

근처 베를린 박물관 섬으로 갔다. 독일어로 뮤제움스인젤(Museumsinsel)로 불리며 베를린 슈프레 섬(Spreeinsel) 북쪽에 5개의 박물관이 있다. 1999년에 유네스코 세계문화유산으로 지정된 곳이다. 18세기 후반부터 박물관이 들어서기 시작해 1930년까지 세워진 박물관들로 박물관 설계 발달 과정을 한눈에 볼 수 있다.

고대 그리스 미술품이 즐비한 구 박물관(Altes Museum 1823~1830), 고대 이집트와 선사시대 유물로 유명한 신 박물관(Neues Museum 1843~1855), 고전주의부터 모더니즘까지 회화를 아우른 국립 회화관(Alte Nationalgalerie 1867~1876), 비잔틴 미술품이 눈길을 사로잡는 보데 박물관(Bode Museum 1897~1904), 그리고 고대 그리스와 이슬람 예술이 공존하는 페르가몬 박물관(Pergamon Museum 1910~1930).

이들 박물관들은 외관부터 각각 특색 있고 웅장한 모습이다. 세계대전으로 여러 곳이 폭격을 당했지만, 거듭된 보수와 증축으로 현재의 모습에 이르고 있다. 우리는 짧은 일정으로 모두 들리진 못했다. 그중 가장 유명하고 박물관 섬 중앙에 있는 페르가몬 박물관을 들렀다. 특히 헬레니즘 문화의 꽃

을 피운 페르가몬 왕국(BC 3세기)의 수도 페르가몬(BC 7세기) 유물 전시로 유명하다. 페르가몬 박물관의 명칭도 '페르가몬의 대제전'이 전시된 것에서 비롯됐다. 1871년 시작한 독일 발굴단이 상당수의 유물을 독일로 가져왔다. 지금은 페르가몬 박물관의 자랑거리가 되었다.

고대 유물관엔 높이 33.4m 너비 35.64m의 '페르가몬 신전(Pergamon Altar)'과 2세기 로마 유적인 '밀레투스 시장의 문(Market Gate of Miletus)'을 발굴 현장에서의 모습 그대로 재건해 놓았다. 입이 다물어지지 않는다. 거대한 유물의 크기로 당시 얼마나 발전한 도시였나를 짐작할 수 있다.

중동 전시관에 들어갔다. 양 벽엔 파란색, 금색, 검은색, 흰색 벽돌로 용, 황소, 사자가 입체적으로 장식돼 있다. 쭉 가다 보니 거대한 청색 문과 마주쳤다. 바로 고대 바빌론(BC 605년~ 562년)의 성문 이슈타르 문(Ishtar Gate)이다. 네부카드네자르 2세가 외부 침입을 막기 위해 도시 주변에 높은 성벽을 쌓고 성문을 만들었다. 그중 이슈타르 문은 바빌론 내성의 8번째 성문이다. 사랑·풍요·전쟁의 여신인 이슈타르(Ishtar)의 이름을 땄다. 높이 14m이고, 너비 30m이다. 웅장함에 화려함에 상하좌우 내 시선들은 바빴고 입으로는 와~~, 하는 감탄사를 연신 내뱉고 있었다.

이슬람 유물전시관엔 8세기~19세기 이슬람 문화권의 정교하고 기하학적인 유물들이 가득하다. 샅샅이 페르가몬 박물관을 탐방하진 않았지만, 독일에서 가장 많은 관람객이 찾아오는 이유를 그제야 알 것 같았다.

브란덴부르크 문[Brandenburg Gate]

파리에 개선문이 있다면 베를린엔 브란덴부르크 문이 있다. 이 브란덴부르크 문은 베를린 중심가 파리저 광장(Pariser Platz)에 있는 독일의 상징적인 건축물이다. 기념품점에서나 50센트 유로화에서도 볼 수 있다. 높이 26m, 가로 65.5m, 세로 11m로 프로이센의 프리드리히 빌헬름 2세가 선왕의 업적을 기리기 위해 지었다. 브란덴부르크 문은 평화의 상징물로 1791년 완공됐다. 프로이센의 군대가 전쟁에 나가거나 들어올 때 이 브란덴부르크 문을 통과했다. 당시 프로이센의 막강한 군사력을 상징한다고 할 수 있다. 2차 세계대전 이후, 브란덴부르크 문은 동베를린과 서베를린의 경계가 되고 관문이 됐다. 마치 우리의 판문점처럼 말이다. 지금의 브란덴부르크 문은 분단의 상징에서 통일의 상징으로 바뀌었다. 12개의 도리아 양식 기둥 위 그리스 빅토리아 여신과 청동 말 전차 상 쿼드리가(Quadriga)가 맨 먼저 눈에 들어온다. 최초의 쿼드리가는 평화를 기원하며 동쪽으로, 19세기 후반엔 프랑스 군대 승리 의미로 서쪽으로, 세계대전 후 평화의 의미로 다시 동쪽으로 돌려놓았다고 한다. 또한 1806년 프로이센과의 전투에서 승리한 나폴레옹이 문 위 쿼드리가를 떼어 프랑스 파리로 가져가 버렸다. 이후 프로이센은 1814년 나폴레옹과의 전쟁에서 승리한 뒤 쿼드리가를 되찾아왔다. 그리고 이때 쿼드리가에 탄 '평화의 여신' 에이레네를 '승리의 여신' 빅토리아로 바꿨다. 그래서 그런지 기념품점에서 본 자그만 한 모형에선 볼 수 없던 독일의 기상(?)이랄까 그런 게 느껴진다. 또한 독일의 기틀 프로이센의 상징으로 독일의 분단과 통일을 묵묵히 지켜본 브란덴부르크 문의 우직함도 느껴진다.

마침 동성애자 인권 운동의 시발점인 '스톤월 항쟁(Stonewall riots)' 50주년 기념 퀴어축제가 열리고 있었다. 일명 '크리스

토퍼 스트릿데이'(Christopher Street Day)로 불린다. 다양한 슬로건을 내걸고 퍼레이드를 펼쳤다. 우리나라에서도 2,000년도 접어들어 퀴어축제가 도심에서 열리고 있다. 동성 결혼 합법화 등 성소수자에 대한 법적 차별을 없애자는 움직임도 보인다. 하지만 여전히 성소수자의 공개 축제는 서로 다른 시선이 존재한다. 공공장소에서 민망한 차림, 액션이 내 눈살을 찌푸리게 한다. 나는 성소수자의 인권도 보호돼야 하지만, 다른 생각을 할 권리도 침해해서는 안 된다고 생각한다. 전쟁에서 승리를 다짐하며, 자축하며 지나던 브란덴부르크 문!! 지금은 브란덴부르크 문 앞에서 퀴어축제가 벌어지고 있다. 격세지감이 느껴진다.

하노버 헤렌하우젠 왕궁 정원
[Herrenhauuser Gaerten]

여행을 하면서 기록한 지가 벌써 6일째다. 피곤함에도 멋진 나의 여행기의 완성을 상상하며 원고 작업을 게을리하지 않고 있다. 여행 중 정보나 자료 하나라도 놓칠세라 적극적으로 조사까지 하고 있다. 미술사학자 유홍준 교수가 그의 저서 〈나의 문화유산 답사기〉에서 처음 언급한 말처럼 '아는 만큼 보인다.'라는 말이 새삼 가슴에 와닿는다. 어젠 식사 후 사 먹은 음료수 영수증을 유심히 보다 0.25유로의 보증금이 부가된 걸 발견했다. 나의 폭풍 검색 결과, 독일에서는 환경보호와 자원재활용 정책으로 공병 보증금 환급제도 '판트'(pfand)를 실시하고 있다는 사실을 알게 됐다. 한국에서는 소주병이나 맥주병과 같은 유리병만 빈병으로 회수가 가능하다. 독일은 '판트'(pfand보증금) 라벨이 붙은 플라스틱 병, 유리병, 알루미늄 캔까지 수거가 가능하다. 보통 1회용 병 0.25유로, 병 종류에 따라 0.08~1.50유로까지 환급해 준다고 한다. 빈병 재사용률이 95%가 된다니 거리에 빈병이 보이지 않는다. 조금은 귀찮고 어려운 과정이지만 책 쓰기는 내 여행을 더욱 풍성하게 해준다.

2006 독일 월드컵을 통해 우리에게 많이 알려진 도시 하노버로 갔다. 하노버는 한마디로 '녹색 도시, 숲의 도시'였다. 숲과 호수, 집집마다 예쁜 정원들을 뽐내고 있다. 그중 헤렌하우젠 정원은 바로크 시대 왕궁 정원의 진수를 보여준다.

그로사, 게오르겐, 베르겐, 베르크 등 네 개의 가르텐(정원)을 합친 대형 정원이다. 나무와 정원이 만든 기하학적 문양이 무척이나 인상적이다. 특히 그로사 가르텐은 해마다 헨델 음악 연주회가 개최되는 곳으로 유명하다. 아름다운 꽃에 홀려 꽃이 만든 길을 따라가다 보니 거대한 분수가 있다. 날씨

가 너무 더워 분수가 사막의 오아시스처럼 느껴진다. 우린 아름답기 그지없는 정원을 영원히 소장하고 싶어 셔터를 연신 눌렀다. 각자 자신의 스타일대로 다양한 포즈로 개인 사진도 찍었다. 인간 피라미드 단체 사진은 완벽한 정원의 배경 덕에 역작이 나왔다.

쾰른 대성당[Cologne Cathedral]

오늘은 쾰른으로 간다. 뮌헨에서 유학 중인 선생님 제자 민영이 누나도 동행했다. 누난 독일 남부 지방에서 입는 전통 의복 디른들(Dirndl)을 입고 왔다. 그 순간 나는 남자들의 전통의상인 가죽 반바지 레더호젠(Lederhosen)을 입고 '옥토버페스트(OktoberFest 뮌헨 맥주축제)'에서 시원하게 맥주를 들이켜고 있는 나를 상상해본다.

내 상상의 나래를 깨우는 라인 강변에 우뚝 솟은 쾰른 대성당! 대담하게 중력에 저항하는 듯 뾰족하게 솟은 두 개의 첨탑은 아주 매력적인 고딕 건축물이다. 현재는 157m로 독일에선 두 번째로, 세계에서는 세 번째로 높은 교회이다. 1889년 300m 에펠탑이 건설되기 전 9년 동안은 세계에서 가장 높은 건축물로 명성이 자자했다. 정식 명칭은 성 베드로와 마리아 대성당으로 높이뿐만 아니라 긴 완공 기간으로도 유명하다. 1248년에 착공해 무려 632년이란 긴 세월이 지난 1880년에야 완공됐다. 중세의 건축가와 장인들의 설계가 바탕이 되고, 근대 건축가와 장인들이 완성한 건축물이다. 또한 19세기 중반에 공사 비용이 모자라 복권을 발행하기도 했다. 복권 판매 금액이 662만 달러로 현재 가치로 환산하면 우리 돈 1조 8천억 원이나 된다고 한다. 어마어마한 시간과 돈, 정성의 산물! 쾰른 대성당의 위풍당당함이 더욱 빛난다. 하얀 '조면암'으로 지어졌으나, 세계 2차 대전 당시 폭격과 매연으로 거뭇거뭇한 지금의 모습으로 변했다. 내 눈엔 거뭇거뭇한 세월의 흔적이 묻은 쾰른 성당이 더욱 웅장하고 기품이 있는 듯하다.

오르간 연주 소리를 따라 내부로 들어갔다. 성경의 내용으로 꾸며진 아름다운 스테인드글라스로 햇빛이 스며든다. 이내 무지갯빛을 내리고 있다.

성스러움이 내 온몸을 휘감는 듯하다. 동방박사 세 명의 유해가 보관된 '성유물함'이 보인다. 과연 서양 최대 규모로 중세 황금 세공의 걸작으로 꼽힐 만하다. 쾰른 대성당 건축의 시초가 바로 이 유물함에 걸맞은 건물을 만들기 위함이라니 한 번 더 눈길이 간다. 서유럽 최초의 대형 십자가 '게로의 십자가'에서는 섬세한 중세 세공을 엿볼 수 있었다.

거의 눕다시피하며 내 온몸을 던졌다. 하지만 한 장의 사진으로 담기는 역부족인 쾰른 대성당! 그 감명은 오래도록 내 가슴에 담겨있을 듯하다.

슈니첼[Schnitzel], 독일 맥주

모젤강과 라인강이 만나는 도이체스 에크(Deutsches Eck)와 맞은편 에렌브라이트슈타인 요새(Festung Ehrenbreitstein)로 갔다. 특히 라인 강변 절벽에 우뚝 솟은 에렌브라이트슈타인 요새는 몇 년 전 다녀온 이탈리아 포지타노의 추억까지 들추게 한다. 그 아름다움은 계속 봐도 질리지 않는다. 동화 속처럼 환상적인 사진을 찍고 슈니첼과 맥주로 간단히 독일식으로 점심을 먹으러 갔다.

슈니첼은 독일어로 '잘라낸 조각, 얇게 저민 살코기'를 의미한다. 일본의 돈가스, 이탈리아의 코톨레타(cotoletta),

프랑스의 에스칼로프(escalope)와 같은 브레디드 커틀릿(breaded cutlet; 빵가루 커틀릿)의 한 종류이다. 특히 돼지고기로 만든 슈니첼은 독일에서 즐겨 먹어 '저먼 슈니첼(German Schnitzel)'이라 부른다.

주문한 슈니첼은 감자튀김이랑 함께 나왔다. 먹음직스럽다. 그런데 헉! 우리가 생각하는 돈가스와는 한 세트인 소스는 없다. 담백함과 느끼함으로만 우리 입맛을 충족할 수 없었다. 케첩과 시원한 맥주를 추가로 시켰다. 맥주라고는 부모님이 드시는 걸 한 모금 정도 얻어먹었지. 완전히 나를 위한 맥주는 처음이다.

'독일=맥주' 이런 공식이 성립할 정도로 독일은 맥주가 유명하다. 매년 10월이면 뮌헨에서 열리는 맥주축제 옥토버페스트(Oktoberfest)에 600만 명이 넘는 관광객이 모인다고 한다. 첫 시음한 독일 맥주 맛은 너무나도 맛있다! 기름 먹은 슈니첼과 감자튀김 맛을 완성시켜줬다.

바이에른 공국의 초대 왕 빌헬름 4세는 1516년 악덕업자를 내몰기 위해 '독일 맥주순수령'을 공포했다. 맥주의 원료로 보리와 호프(hop, 쓴맛을 내는 풀), 그리고 물만 사용하도록 했다. 덕분에 질 높은 독일 맥주가 만들어지고 유명하게 됐다고 한다.

민영이 누나 왈 "바이에른에서 들었는데, 독일식 과일 맥주 라들러(Radler)는 2% 정도의 알코올 도수로 음료수처럼 맛있어. 라들러는 술도 아니야."라고. 라들러도 한 번 먹어봐야지 ㅎㅎ.

강소국 룩셈부르크
[Luxembourg, Grand Duchy of Luxembourg]

모젤강을 끼고 와인축제가 열리는 작은 도시 코헴에 잠시 들렀다가 2시간가량 버스로 달려 룩셈부르크에 도착했다. 룩셈부르크는 유럽 북서부에 있는 입헌군주국으로 벨기에, 독일, 프랑스 세 나라에 둘러싸여 있다. 면적은 2,590㎢로 제주도(1,849.02㎢)의 약 1.4배 정도, 인구는 60만 명에 불과한 소국이다. 하지만 1인당 국민소득 11만 2,850 달러(2019 기준)로 우리나라 3배 이상이고 세계 1위다. 19세기에는 가난한 농업 국가였으나, 철강업과 금융업을 적극적으로 육성해서 강소국으로 발전했다. 매일 벨기에, 독일, 프랑스 등에서

최소 40만 명이 룩셈부르크로 출근한다고 한다. 청년 실업률이 높아지고 있는 우리나라로선 부러운 나라다.

게다가 수도 룩셈부르크(Luxembourg)는 도시 전체가 요새화된 독특한 풍경을 자아낸다. '유럽에서 가장 아름다운 발코니'라고도 불린다. 200여 년 전 이곳을 다녀간 대문호 괴테(Goethe)도 아름다운 풍경에 감탄했다고 한다. '마치 잘라낸 듯한 웅장한 공간 속에 거리 전체가 떠 있다. 이 거리에는 고아한 정취와 위대함이, 가련함과 위엄이 함께 어우러져 있다. 이곳에는 감히 상상할 수조차 없을 정도로 정말 사랑스러운 것들과 아름다운 것들이 많다.'

나도 산림에 둘러싸인 아름다운 중세도시 룩셈부르크를 걸었다. 파란 하늘에 높이 떠있는 골든 레이디, '황금의 여신상'이 눈에 들어온다. 전쟁으로 죽은 이들을 기리기 위한 기념탑이다. 그 아래 내용을 보니 6 · 25전쟁에도 룩셈부르크인들이 참전했다. 놀라웠다. 그리고 먼 나라에서까지 우리를 도와주러 왔다니 그저 감사할 따름이다.

구시가지와 신시가지를 연결하는 아돌프 다리(Pont Adolphe). 아치 형태로 페트루세 계곡 위에 웅장하게 놓여있다. 다리 위론 차들이 쌩쌩! 우린 다리 아래 인도로 아돌프 다리를 감상하며 걸었다. 아래 계곡의 아름다운 풍경이 내려다보인다. 저편엔 아름다움과는 좀 어울리지 않게 치열한 전쟁의 흔적, 포대도 보인다.

초콜릿 왕국 벨기에[Belgium, Kingdom of Belgium]

이틀 남은 여행의 아쉬움에 늦게까지 게임을 하며 밤을 새웠다. 하지만 야속한 아침은 밝았다. 룩셈부르크와의 짧은 만남을 뒤로 한 채 3시간을 달려 초콜릿, 와플 등 달콤함이 가득 한 벨기에에 도착했다. 벨기에는 네덜란드, 독일, 룩셈부르크, 프랑스, 북해와 면해 있다. 1830년 네덜란드로부터 독립한 입헌군주국이다. 또한 파란 난쟁이 '스머프'와 가난한 네로와 충견 파트라슈의 이야기 '플랜더스의 개'의 고향이다. 우린 넓은 그랑팔라스가 있는 수도 브뤼셀로 갔다. 빅토르 위고의 '장발장', 칼 마르크스의 '공산당선언' 등이 이곳에서 집필되었다. 특히 빅토르 위고가 극찬한 그랑팔라스는 시청사, 왕의 집, 6채의 길드 하우스(상인조합) 등으로 둘러싸여 있다. 참으로 극찬할 만큼 멋진 건물들이 아름다움을 뽐내고 있다. 화려하고 멋진 건물들은 야경으로 본다면 그 화려함이 배가될 듯하다. 반면, 많은 기대와 설레는 발걸음을 옮겨 골목 구석에서 발견한 오줌싸개 동상은 실망을 안겨준다. 그 명성의 크기에 많이 못 미치는 60cm 남짓 작은 동상이다.ㅠㅠ.

동상 주변엔 초콜릿 왕국답게 초콜릿 가게들이 많았다. 가족과 친구들, 선생님을 위한 선물로 펠리칸 벨지안 초콜릿(Pelicaen Belgian Chocolates)도 잊지 않았다. 한국으로 가는 도중에 혹여나 초콜릿이 녹을까 봐 노심초사하면서 말이다.

풍차의 나라 네덜란드[Netherlands]

우리 여행의 종착점은 풍차의 나라 네덜란드다. 독일, 벨기에, 북해와 맞닿는 유럽 서북부에 있는 입헌 군주국으로 1648년 에스파냐로부터 독립하였다. 면적은 한반도의 1/5 정도고 인구밀도가 높은 곳으로 알려진 곳이다. 특히 네덜란드는 이름이 말하듯 국토의 1/4은 바다보다 낮은 저지대다. 그래서 네덜란드인들은 댐을 쌓고 풍차를 돌려 바닷물을 밖으로 빼내 땅을 일궜다. 그곳에 낙농과 원예업으로 번성해서 풍차의 나라, 튤립의 나라로 일컬어진다.

1627년 박연으로 귀화한 벨테브레로로 시작해, 1653년 '하멜 표류기'의 하멜, 1907년 '헤이그 밀사' 파견 등으로 우리와 네덜란드와의 인연은 이어진다. 우린 을사조약의 무효임

을 주장하려 했지만 이루지 못한 채 헤이그에서 순국하신 이준 열사 기념관으로 달려갔다. 'No power, No peace'의 강연과 자료를 봤다. '헤이그 특사 여러분 잊지 않겠습니다.'라는 글로 감사함을 표하고 나왔다.

이어 들른 마두로담(Madurodam)은 관광 명소들이 1/25 크기로 축소해 걸리버 여행기의 주인공이 된 기분이다. 비 내리는 잔세스칸스(Zaanse Schans) 풍차마을은 더욱 운치가 있다. 전통 나막신 공장도 이채롭다. 친구에겐 튤립과 풍차가 달린 열쇠고리, 부모님에겐 부푼 원반 모양 치즈를 기념품으로 샀다. 받고 좋아할 친구와 부모님을 떠올리면서……

이후 암스테르담 국립 미술관(Rijksmuseum)에서는 페르메이르의 '우유를 따르는 하녀(The Milkmaid)'를 감상했다. 네덜란드인들의 소박한 정서를 짐작할 수 있었다. 이로써 우리의 여정은 막을 내렸다.

여행을 마치며

원점으로 다시 돌아가기 위해 암스테르담 스히풀 공항으로 갔다. 벌써 4번째 들른 공항은 구석구석 익숙하다. 다음을 또 기약하고 비행기에 올랐다. 친구들은 무사히 여행을 마쳤다는 안도감일까? 긴장감이 무장해제돼 깊은 잠에 빠졌다. 난 아쉬움에 영화도 보고, 게임도 하고 버티려 했으나, K-POP과 함께 나도 꿈나라로. ㅠㅠ.

무사히 잘 도착해 반가운 가족과는 만남을, 일행들과는 이별을 해야 했다.

9일간의 짧은 일정이었지만 아무 탈 없이 여행을 마칠 수 있도록 세심하게 신경을 써주신 김 경숙 선생님께 감사 인사를 드리고 싶다. 선생님과는 이탈리아, 미국에 이어 세 번째 여행으로, 특히 이번엔 여행기까지 쓸 수 있도록 많은 지도를 해주셨다. 좋은 형과 누나, 동생이 있어 이번 여행이 한층 더 즐거웠다.

얼마 전 '스프링벅'이라는 책을 읽었다. 거기엔 풀을 먹기 위한 본래의 목적을 잊고 무작정 초원을 달리다 절벽 아래로 떨어지곤 하는 스프링벅 얘기가 나온다. 나도 이제껏 본래 목적인 꿈보단 입시 경쟁에만 몰두하고 있지 않았나 하는 생각이 든다. 쉼 없이 '빨리빨리'가 습관이 된 우리와는 다른 모습을 여행 중 내내 느꼈다. 그런 유럽인들의 여유로운 모습에서 행복함을 엿볼 수 있었다.

'음악이 아름다운 이유는 음표와 음표 사이의 거리감, 쉼표 때문이다.'라는 혜민 스님의 말씀처럼 이번 여행은 학업에 지친 나에게 주어진 쉼표였다. 폴란드, 독일, 벨기에, 네덜란드, 룩셈부르크을 거닐며 유럽의 문화를 생생하게 보고, 듣고, 느끼기를 게을리하지 않았다. 책으로만 얻을 수 없는 현장에서의 지식은 생각보다 더 많이, 더 오래 내 가슴속 깊숙이 남는다. 여행의 시각도 그저 아름다운 경치, 맛있는 음식을 맛보는 데만 그치지 않았다. 현지인들의 문화, 습관, 가치관 등을 염두에 두고 우리의 일상에까지 대입해 보기도 했다. 그래서 한층 더 성숙한 나를 발견할 수 있었다.

특히 웅장하고 섬세한 쾰른 대성당과 금빛 건물로 사방이 둘러싸인 아름다운 그랑플라스에선 유독 부모님 생각이 났다. 유명 초콜릿 고디바를 맛봤을 때도……

좋은 것, 맛난 것을 나에게 모두 주신 부모님의 큰 사랑에 감동이 밀려온다. 이번 부모님의 쉼표 여행 선물은 나에게 또 다른 시작의 출발점이 됐다.
부모님, 감사합니다. 사랑합니다. ♥♡